GUILLERMO GASIÓ

Los idealistas con entusiasmo

Una investigación
sobre los miembros del GOU.
Sus fojas de servicios
en el Ejército Argentino

Gasió, Guillermo
Los idealistas con entusiasmo : una investigación sobre los miembros del GOU : sus fojas de servicios en el Ejército Argentino . - 1a ed. - Buenos Aires : Teseo, 2012.
256 p. ; 23x15 cm.
ISBN 978-987-1867-30-1
1. Investigación Histórica. I. Título.
CDD 907.2

Imagen de tapa: Coronel Juan D. Perón - Vicepresidente de la Nación, Ministro de Guerra y Secretario de Trabajo y Previsión. Fotografía oficial (1944).

Diseño y diagramación: Estudio Ini.

© Editorial Teseo, 2012

Buenos Aires, Argentina

ISBN 978-987-1867-30-1

Editorial Teseo

Hecho el depósito que previene la ley 11.723

Para sugerencias o comentarios acerca del contenido de esta obra, escríbanos a:
info@editorialteseo.com

www.editorialteseo.com

PRESENTACIÓN

Desde el momento en que emprendí la lectura de *Los idealistas con entusiasmo* tratando de informarme para dar cumplimiento a la difícil encomienda del autor, de prologar este libro, pude darme perfecta cuenta del valor aquilatado del trabajo que tenía entre manos.

Con este esfuerzo él puso a nuestro servicio un material, no solo interesante, sino trascendente. Ello tanto para los que deseamos conocer más sobre aquel período en que tuvo sus albores, lo que a muchos nos ha gustado siempre llamar el "Proyecto Nacional Justicialista", como para aquellos profesionales, sobre todo jóvenes, que desde el campo de la investigación histórica, deseen encontrar nueva luz sobre aquel período revolucionario, tan maltratado por muchos historiadores argentinos y extranjeros. Pero además tiene una importancia adicional, que hace de esta investigación un material imperdible para quienes, como yo, nos dedicamos al estudio de la evolución de las relaciones civiles-militares de nuestro país. Esto es así, debido a que nos permite conocer mucho mejor el perfil de ese grupo de oficiales, que tanto tuvo que ver con la posterior modificación de las, históricas y no siempre felices, relaciones entre las fuerzas armadas y la sociedad.

En mi opinión el objetivo confesado por Guillermo Gasió para abordar este esfuerzo que era el de "aportar, para futuros análisis, un estudio comparado de las principales características de los 26 oficiales que formaron parte del GOU, junto al material completo de sus fojas de servicio", está más que cumplido.

Es no sólo información interesante, sino verdaderamente relevante que arroja una luz diferente sobre los perfiles político-ideológicos de figuras de ese grupo que, como el caso del coronel Perón, posteriormente llegaría a ser tres veces Presidente de la Nación.

Al realizar un relevamiento de las fojas de servicio de cada uno de los oficiales miembros del GOU, Gasió nos permite adentrarnos en detalle y con una visión más objetiva, en las dotes de mando, la personalidad, el perfil profesional, las debilidades, en resumen una biografía profesional personal exhaustiva, de cada uno de aquellos oficiales. Ello es así, en la medida en que cada foja de servicio arranca, desde el momento en que esos oficiales eran cadetes en el Colegio Militar de la Nación, hasta el último grado alcanzado por cada uno de ellos. Mirada ésta hecha, además, desde la óptica de sus superiores, quienes comentaban sobre ellos, al calificarlos previamente para sus respectivos ascensos.

Cómo no valorar y recomendar este trabajo que viene a arrojar, como decía, nueva luz sobre figuras de ese particular núcleo de oficiales de nuestro Ejército que tanto gravitó durante aquella breve etapa de la vida política nacional, en la que el 4 de junio de 1943 resulta un hito inicial de lo que luego devendría en el proceso político y social argentino más relevante de la segunda mitad del siglo veinte y que aun perdura hasta el presente.

Es precisamente por la riqueza y precisión de la información histórica que el autor pone ante nuestros ojos, para que seamos nosotros mismos los que saquemos nuevas conclusiones sobre aquel complejo período de la vida política de la Argentina, que debemos agradecer la publicación de este nuevo trabajo del Dr. Gasió. Esta información que se nos arrima a los lectores también nos ayudará a terminar de serenar las aguas de la interminable controversia ideológica que aun divide a los argentinos respecto de aquél período particular. Ello debido a que nos permitirá mirar los hechos y sus autores, desde un prisma objetivado, a la vez que por el dato duro, por la mirada exclusivamente profesional de los superiores de aquellos oficiales del GOU, cuya única finalidad apuntaba sólo a calificar al oficial dentro de su carrera militar, sin ninguna connotación de carácter político.

Sea tal vez la "naturalidad" con la que aparecen consignados en sus fojas de servicio militar activo, los cargos políticos entremezclados, sin ningún pudor, con los destinos militares, la punta de un ovillo que nos permita comprender más a fondo, el extenso papel regulador de la vida institucional del país que las fuerzas armadas argentinas se auto-asignaron y cumplieron, desde muy temprana data en la historia nacional. Fenómeno éste que recién ha podido comenzar a ser removido, esperemos que definitivamente, a partir de 1983.

Por todas estas razones y por las que, segura e injustamente, faltan en este prólogo, es que deseo brindarle a Guillermo Gasió, en nombre de todos los que se beneficiarán en el futuro con este material y desde ya, en primer lugar, en el mío propio, un agradecimiento sincero por haberme permitido volver a tomar contacto a través de los actores, con hechos, de un período de nuestra historia que, en mi ideario personal, han sido y son muy gravitantes. Sé además que ese sentimiento es el que prevalecerá también en los muchos lectores que, auguro, tendrá esta magnífica obra.

Jaime Garreta

APUNTES SOBRE LOS MIEMBROS DEL GOU

"Antes del 4 de junio, y cuando el golpe de Estado era inminente, se buscaba salvar las instituciones con un paliativo o por convenios políticos, a los que comúnmente llamamos acomodos. En nuestro caso, ello pudo evitarse porque, en previsión de ese peligro, habíamos constituido un organismo serio, injustamente difamado: el famoso GOU. El GOU era necesario para que la revolución no se desviara, como la del 6 de septiembre.

"Conviene recordar que las revoluciones las inician los idealistas con entusiasmo, con abnegación, desprendimiento y heroísmo, y la aprovechan los egoístas y los nadadores en río revuelto.

"El GOU hizo que se cumpliera el programa de la revolución, imponiéndole una norma de conducta y un contenido económico, social y jurídico".

En esos términos, en una disertación pronunciada el 21 de diciembre de 1945, al inaugurar la tribuna del Centro Universitario Argentino, caracterizó Juan Perón al GOU. (Publicada con el título "El pronunciamiento del 4 de Junio", en *Tribuna de la Revolución. Conferencias.* Ediciones Nueva Argentina. Centro Universitario Argentino, Buenos Aires, 1948, p. 21).

Vale recordar que fue Gontrán de Güemes (seudónimo del periodista Ernesto José Castrillón, hijo del general de brigada Manuel Castrillón), en *Así se gestó la dictadura* (Rex, Buenos Aires, 1956) quien reveló numerosas alternativas y documentos sobre el GOU (Grupo Obra de Unificación). Juan V. Orona, en *La Logia Militar que derrocó a Castillo* (Buenos Aires, 1966) y Enrique Díaz Araujo, en *La conspiración del '43. El GOU: una experiencia militarista en la Argentina* (La Bastilla, Buenos Aires, 1971) también aportan elementos que vale analizar. La revista *Primera Plana* (a partir del N° 136, Buenos Aires, 15 de junio de 1965) publicó una serie de notas bajo el título "La historia del peronismo", basada en numerosos e importantes testimonios de protagonistas de la época. El gran trabajo de Félix Luna, *El 45. Crónica de un año decisivo* (con numerosas ediciones a partir de la primera de Jorge Álvarez, Buenos Aires, 1968), resulta de gran interés para el examen de la crucial coyuntura histórica que tuvo al GOU como protagonista. Finalmente, Robert A. Potash en *Ejército y la política en la Argentina. 1928-1945. De Yrigoyen a Perón* (con numerosas ediciones a partir de la primera de Sudamericana, Buenos Aires, 1971) y particularmente en *Perón y el GOU. Los documentos de una logia secreta* (Sudamericana, Buenos Aires, 1984) avanza significativamente en el nivel de fuentes disponibles. También Bonifacio del Carril revela numerosas alternativas sobre la Revolución del 43 —de la que fue subsecretario del Interior bajo Perlinger—, en *Memorias dispersas. El coronel Perón* (Emecé, Buenos Aires, 1984). La obra de Jorge Crespo, *El coronel. Un documento sobre la vida de Juan Perón. 1895-1944* (Ayer y Hoy, Buenos Aires, 1998), brinda numerosos datos de interés para el conocimiento del grupo militar que protagonizó el golpe y el gobierno de la Revolución de 1943. También Domingo Alfredo Mercante revela ciertos aspectos de la vida de su padre, en *Mercante: el corazón de Perón* (De la Flor, Buenos Aires, 1995). (Prólogo de Héctor Masnatta).

En la presente investigación, el autor, al cabo de una pesquisa realizada en el Archivo General del Ejército Argentino, se propone aportar, como fuente para futuros análisis, las fojas de servicios de los militares que integraron el GOU.

Para establecer la nómina de miembros "fundadores" y miembros "incorporados" del GOU, se ha tomado como fuente el documento "Reglamento interno", reproducido facsimilarmente por Potash (*Perón y...*, pp. 76-77).

MIEMBROS FUNDADORES

1	Teniente coronel	Domingo Alfredo Mercante
2	Teniente coronel	Severo Honorio Eizaguirre
3	Mayor	Raúl Osvaldo Pizales
4	Mayor	León Justo Bengoa
5	Capitán	Francisco Filippi
6	Teniente coronel	Juan Carlos Montes
7	Teniente coronel	Julio Alberto Lagos
8	Mayor	Mario Emilio Villagrán

9	Mayor	Fernando González [Britos]
10	Teniente 1º	Eduardo Bernabé Arias Duval
11	Teniente coronel	Agustín Héctor de la Vega
12	Teniente coronel	Arturo Ángel Saavedra
13	Teniente coronel	Bernardo Ricardo Guillenteguy
14	Teniente coronel	Héctor Julio Ladvocat
15	Teniente coronel	Bernardo Dámaso Menéndez
16	Teniente coronel	Urbano de la Vega Aguirre
17	Teniente coronel	Enrique Pedro Agustín González
18	Coronel	[Agustín] Emilio Ramírez
19	Coronel	Juan Domingo Perón

Miembros incorporados

20	Coronel	Eduardo Jorge Ávalos
21	Teniente coronel	Aristóbulo Eduardo Mittelbach
22	Teniente coronel	Alfredo Aquiles Baisi
23	Teniente coronel	Oscar Augusto Uriondo
24	Teniente coronel	Tomás Adolfo Ducó
25	Mayor	Heraclio Robustiano Antonio Ferrazzano
26	Coronel	Alfredo Argüero Fragueyro

Características generales

Sobre el análisis comparado de los 26 oficiales que integraron el GOU surgen algunas **características generales**.

Se ha consultado el trabajo del coronel Abelardo Martín Figueroa, *Promociones egresadas del Colegio Militar de la Nación (1873-1994)*. (Servicio Histórico del Ejército, Buenos Aires, 1996).

Atendiendo a las **promociones de egresados del Colegio Militar de la Nación**, los miembros del GOU pertenecieron, desde la promoción 35 (correspondiente al año 1910, como es el caso de Ávalos), hasta la 59, de 1933, con Arias Duval.

A la promoción 35 también pertenecieron José Cermesoni (quien, junto con Ávalos, fueron los únicos que alcanzaron el grado de general de brigada), Ernesto Fantini Pertiné y Juan Antonio Bortagaray (que pasaron a retiro como coroneles).

En la 59, figuran Guillermo Humberto Gutiérrez, Alberto Augusto Riobóo, Horacio Alfredo Suárez, Roberto Grotz, Manuel Alvarado, Juan Carlos Cordini, Marcelino Guillermo Martínez, Carlos Túrolo, Armando Martijena y Carlos Aníbal Peralta (generales de brigada), Manuel Reimundes (coronel) y Héctor Russo (capitán).

El mayor número correspondió a las promociones 43 y 46. Cuatro formaron parte de la primera: Mercante, Saavedra, Guillenteguy y Mittelbach; y otros cincoo de la segunda: Eizaguirre, Menéndez, Baisi, Uriondo, Ducó. Tres, lo fueron de la 38: Montes, Perón y Argüero Fragueyro. Dos pertenecieron a la promoción 49: Pizales y Villagrán; y también dos, de la 51: Bengoa y González Britos.

En la 46 se encuentran Carlos Severo Toranzo Montero, Héctor Puente Pistarini, Claudio Mejía, Juan Orona y Abraham Granillo Fernández. En la 38: Isidro Martini, Juan Filomeno Velazco, Alberto Giovaneli, Ambrosio Vago y Raúl Aguirre Molina. En la 49: Luis Carlos Bussetti, Raúl Tanco, Héctor Torres Queirel, Jorge Álvarez Spence, José León Solís, Hernán Pujato, José Antonio Sánchez Toranzo, Héctor Raviolo Audisio, Rodolfo Larcher y Juan Beverina. En la 51: Dalmiro Videla Balaguer, Francisco Imaz, Vicente Sosa Molina y Juan Bautista Loza.

A la promoción 37 perteneció Ramírez; a la 40, de la Vega Aguirre; a la 41, de la Vega; a la 42, González; a la 45, Lagos y Ladvocat; a la 50, Ferrazzano, y a la 53, Filippi.

Respecto de los **grados** que tenían al momento de incorporarse al GOU: 4 eran coroneles: Ramírez, Perón, Ávalos y Argüero Fragueyro; 15, teniente coroneles: Mercante, Eizaguirre, Montes, Lagos, de la Vega, Saavedra, Guillenteguy, Ladvocat, Menéndez, de la Vega Aguirre, González, Mittelbach, Baisi,

Uriondo y Ducó; 5, mayores: Pizales, Bengoa, Villagrán, González Britos y Ferrazzano; un capitán: Filippi; y un teniente 1°: Arias Duval.

Con referencia a las **armas**: 13 eran de infantería: Eizaguirre, Pizales, Bengoa, Montes, Villagrán, González Britos, Ladvocat, Ramírez, Perón, Uriondo, Ducó, Ferrazzano y Argüero Fragueyro; 6, de artillería: Mercante, Arias Duval, Guillenteguy, de la Vega Aguirre, Ávalos y Baisi; 5, caballería: Filippi, de la Vega, Saavedra, González y Mittelbach; y 2 de ingenieros: Lagos y Menéndez.

Los miembros del GOU que alcanzaron el título de **oficiales de Estado Mayor** fueron 9: de la Vega Aguirre (1926), Perón (1929), González (1930), Lagos (1935), Ladvocat (1936), Uriondo (1936), Ducó (1937), Bengoa (1938) y Filippi (1940). Baisi fue ingeniero militar (1931). Cursaron en la Escuela Superior de Guerra, pero no egresaron como oficiales de Estado Mayor 12 miembros del GOU: Mercante, Eizaguirre, Montes, González Britos, de la Vega, Saavedra, Guillenteguy, Menéndez, Ramírez, Ávalos, Mittelbach y Argüero Fragueyro. Villagrán no pasó por la Escuela Superior de Guerra. (Fuera de análisis por carecer de datos procedentes del legajo: Pizales, Arias Duval y Ferrazzano).

Atendiendo a los jefes militares que llegaron a la Presidencia de la Nación como consecuencia de la Revolución de 1943, en el legajo de los miembros del GOU, figuran bajo las órdenes del general **Rawson**: de la Vega (1942), Saavedra (1942), Guillenteguy (1938) y Argüero Fragueyro (1937). Del general **Ramírez**: Filippi (1940-1943) (casado con Elsa Lucía Ramírez, hija del general-presidente), de la Vega (1937), Guillenteguy (1937), Mittelbach (1942) y Uriondo (1939). Del general **Farrell**: Mercante (Neuquén, 1941 y junio 1943), Bengoa (Mendoza, 1928-1930), Montes (Mendoza, 1936 a 1940 y Buenos Aires, 1942-1943), González Britos (Mendoza, 1936) y Perón

(Mendoza, 1942-1943). Ducó tuvo incidentes con Farrell en 1934-1935 y en 1941.

Cruzando datos entre los miembros del GOU se hallan coincidencias de destinos entre Ávalos y Mercante (1937-1938), Lagos y Bengoa (1939-1942), Ladvocat y Filippi (1928-1930), Saavedra y Filippi (1930), Montes y González Britos (1940-1941), Perón y González Britos (1940-1941), Ávalos y Baisi (1939), Perón y Uriondo (1935).

Actuación en el golpe de Estado del 6 de septiembre de 1930

Respecto de la actuación de los oficiales del GOU en el **golpe de Estado del 6 de septiembre de 1930**, a Perón le correspondió el mayor grado de compromiso en la conspiración del general José Félix Uriburu, mientras que la mayor actividad durante el día en que fue derrocado Hipólito Yrigoyen fue desplegada por Saavedra.

Se encuentra en el Archivo General de la Nación, Archivo José Félix Uriburu la documentación originada por: 1) Circular reservada N° 1 del Comando en Jefe del Ejército, fechada el 15 de septiembre de 1930, por la cual se ordenó a todas las unidades del arma presentar un informe precisando lo actuado los días 6 y 8 de aquel mes. 2) Comunicación de la Casa Militar de la Presidencia de la Nación, que solicitaba a jefes, oficiales y algunos civiles, responder a un cuestionario con el objeto de "reunir la documentación más completa posible referente a la preparación y ejecución de la revolución del 6 de septiembre", siendo "su finalidad escribir la historia de la Revolución una vez que [el general Uriburu] haya entregado el gobierno". Al 20 de febrero de 1932, el teniente coronel Alvaro Alsogaray, a cargo de esa tarea, registraba las declaraciones de los capitanes Aristóbulo E. Mittelbach, Urbano de la Vega Aguirre y Arturo Saavedra.

En las primeras horas de la madrugada del 6 de septiembre, Uriburu recibió la comunicación de que el Colegio Militar, bajo la dirección del coronel Francisco Reynolds, se había pronunciado por la revolución. En el Colegio, ubicado en San Martín (provincia de Buenos Aires), revistaban los tenientes primeros Julio **Lagos** (jefe de sección en la Compañía de Ingenieros) y Héctor **Ladvocat**.

A la 1:00 del sábado 6 de septiembre de 1930, el coronel Francisco Reynolds, ya tomada y comunicada su decisión de comprometer al Colegio Militar en el movimiento que encabezaba Uriburu, congregó —por sugerencia de su asistente, el capitán Raúl Aguirre Molina— a los jefes y capitanes del referido Instituto castrense, con el fin de comunicarles su determinación e invitarles "a participar en la sublevación". Al cabo de un debate, se labró un acta registrando las disidencias que expresaron el mayor José F. Suárez y los capitanes Ambrosio Vago, Germán Gutiérrez, Rafael Lascalea, Bernardo Weinstein, Manuel A. Rodríguez, Raúl Teisaire y Antonio Vieyra Spangenberg en comprometerse con la sublevación. El mayor Enrique Padilla, jefe del cuerpo de cadetes, y el capitán Valentín Campero se manifestaron decididos a plegarse al movimiento. La reunión con los oficiales, realizada enseguida, fue muy breve, dado que todos, a excepción del teniente de infantería Juan Carlos Canclini, se adhirieron o estaban ya adheridos a la sublevación.

Reynolds se ocupó inmediatamente "de la organización de las unidades y demás preparativos". Los informantes revolucionarios, tenientes primeros **Baisi** y Puente Pistarini, de la Escuela de Artillería, comprometidos con el golpe, llegaron en la madrugada del 6 al Colegio Militar para comunicar que las condiciones en Campo de Mayo les eran negativas. Comisionó Reynolds a los tenientes primeros Juan José Valle y Héctor **Ladvocat** para que se informaran del cuadro de situación en aquel acantonamiento y en la base de El Palomar. Ambos regresaron "con noticias desfavorables". Según destaca Reynolds en un libro de memorias: "En esta situación de total incertidumbre se llegó al toque de diana".

Uriburu llegó al Colegio Militar a las 7:30. Lo acompañaban sus camaradas, los tenientes coroneles Álvaro Alsogaray, Ernesto Faccione, Emilio Kinkelín, Juan Bautista Molina, Jacobo Parker, Pedro Pablo Ramírez, Emilio T. Sáenz, Manuel Nicolás Savio, y los mayores Ángel Solari y Humberto Sosa Molina.

Reynolds se ocupó inmediatamente "de la organización de las unidades y demás preparativos". El Colegio Militar se puso en marcha pasadas las 10:00. Los cadetes vestían "uniforme de campaña con gorra de gala" por expresa indicación del director Reynolds.

Las tropas sublevadas partieron organizadas en forma de "columna revolucionaria". Según describe J.B. Molina: "La columna fue puesta a órdenes del director del Colegio Militar, coronel Reynolds, quien distribuyó las tropas en el siguiente orden de marcha: VANGUARDIA: al mando del mayor Gallo, compuesta por una punta de caballería; una sección, a cargo del capitán **Mittelbach**; una punta de infantería y tres grupos de fusileros; la cabeza de vanguardia; de una sección de infantería y una sección de artillería. EN EL GRUESO, se encolumnaron el batallón de infantería del Colegio Militar a las órdenes del mayor Sosa Molina, la batería de artillería y la compañía de ingenieros del mismo. A continuación marchaba la agrupación de comunicaciones al mando del teniente coronel Rocco; el Regimiento 1 de Caballería al mando del teniente coronel Parker".

Integraban la columna del Colegio personajes militares cuyos nombres tendrían resonancia en futuros acontecimientos de la historia argentina contemporánea, tales como los tenientes primeros Juan José Valle, Julio A. Lagos, José M. Sosa Molina, Darío Saráchaga, Juan E. A. Vacca; los tenientes Francisco A. Imaz, Arturo Ossorio Arana y Roberto F. Dalton; los cadetes Bernardino Labayru, Emilio Bonnecarrere, Diego Mason, Álvaro Carlos Alsogaray, Rosendo M. Fraga, Manuel Reimundes, Carlos Fontán Balestra, Federico Toranzo Montero (hijo del general Severo Toranzo), Federico A. Gentiluomo, Ernesto A. Cordes, Enrique Rauch, Julio Carlos Señorans y Carlos Túrolo.

La columna revolucionaria alcanzó la zona del Congreso Nacional hacia las 17:30. De acuerdo con las versiones más confiables, fue por entonces que se agredió con armas de fuego —durante 25 a 30 minutos— a la columna que, al mando de Uriburu, marchaba por Callao hacia el sur y Rivadavia al este, al llegar la cabeza de aquélla a la esquina de Rivadavia y Rodríguez Peña. De esa agresión resultaron 23 muertos (los cadetes Carlos Larguía y Jorge Güemes Torino fueron las víctimas más notorias) y 154 heridos. Se consideró que los disparos provinieron del palacio del Congreso, de la Confitería del Molino (Rivadavia y Callao), del edificio de la Caja Nacional de Ahorro Postal y de la casa de la esquina nordeste de Rivadavia y Rodríguez Peña. No fue posible determinar, ni tampoco individualizar, a ninguno de los autores, cómplices ni encubridores de la acción. Tales conclusiones surgen del auto judicial dictado por el juez de instrucción competente.

En Campo de Mayo, asiento de la 2ª división de Ejército, revistaban: **Saavedra** y **Filippi** (Regimiento 1 de Caballería), **Baisi** y **Ávalos** (Escuela de Artillería), **de la Vega** (Regimiento 10 de Caballería), **Uriondo** (Regimiento 4 de Infantería) e **Eizaguirre** (Escuela de Suboficiales).

Campo de Mayo significó el "nudo gordiano" de la revolución, la preocupación y el peligro más inminente para las fuerzas sublevadas por Uriburu. El comandante de la división, general Elías Álvarez, era el militar en actividad más antiguo y con mayor número de tropas a su mando. No estaba comprometido con el movimiento revolucionario. El mayor Orlando Peluffo era el oficial de órdenes del comandante de la división. En definitiva, Álvarez no operó en defensa del gobierno de Yrigoyen ni logró mover efectivos en Campo de Mayo en favor del golpe, debido a la firme actitud del coronel Avelino J. Álvarez, jefe de la Escuela de Infantería, que había decidido permanecer leal al gobierno de Yrigoyen.

Aprovechando la confusión reinante en el acantonamiento, durante la mañana se sublevaron tres escuadrones, el 1º, 3º y 4º, del Regimiento 1 de Caballería que, comandados por el capitán **Saavedra**, se dirigieron hacia el Colegio Militar, donde se pusieron a las órdenes del teniente coronel Jacobo F. Parker, para terminar uniéndose a la columna ya en marcha de dicho Instituto.

Saavedra, comandante del 3er Escuadrón del Regimiento 1 de Caballería relata "el incidente" que tuvo con el jefe de la unidad, el teniente coronel Florencio Campos, en estos términos: "Cuando el suscrito, como capitán más antiguo, y previo acuerdo con los comandantes del 1º y 4º Escuadrón, conducía el regimiento al galope hacia Avenida Alvear para plegarse a la revolución, tuvo conocimiento que a retaguardia marchaba el jefe de regimiento, comprobada esta circunstancia ordené al teniente 1º López Lobo que se hiciera cargo de los tres escuadrones mientras el suscrito tomaría contacto con el teniente coronel Campos a objeto de ponerlo en la situación.

Al presentarme al citado señor jefe y comunicarle que el regimiento marchaba hacia San Martín, preguntó el teniente coronel, con qué objeto, respondiéndole que iba a presentarme al teniente general Uriburu que se encontraba en el Colegio Militar. El teniente coronel Campos manifestó que no estaba de acuerdo, a lo que contesté que lo lamentaba, pero que el regimiento tenía orden del teniente general de ir a San Martín. El citado jefe se aproximó a la sección del subteniente Carocelli, que era la que estaba más próxima, ordenándole que hiciera alto, orden que provocó una leve indecisión en la tropa en el primer instante, pero, dada la energía del subteniente Carocelli que reiteró la orden a su tropa de continuar el avance, no fue acatada. En vista de esta circunstancia, el teniente coronel Campos, desenfundó su revólver con la ostensible intención de hacer fuego sobre el subteniente Carocelli, momento en que el suscrito intervino con su sable para desviar la dirección del arma".

El subteniente **Filippi** revistaba en el Regimiento 1 de Caballería. Su jefe, el capitán Arturo Saavedra lo calificó "sobresaliente" el día 9.

El jefe del regimiento, teniente coronel Florencio A. Campos, se pronunció leal, pero tampoco operó. "Cuando la fatalidad quiso que llegara septiembre —escribe dicho jefe militar a su hijo César, desde Bruselas, el 5 de octubre de 1931—, ahí se presentaron mis dudas, aun cuando mi conciencia me dice tu proceder militar está bien en parte, pero no debí sobrevivir cuando el Regimiento 1 de Caballería tan querido, tan ansiado desde mi niñez me evidenció que yo no era todo lo grande, todo lo suficiente para comandarlo (...) más que mi convicción, hoy siento que ese oficial [el capitán Saavedra] que me dio el hachazo en la cabeza, lo haya hecho con mano tan suave e indecisa".

Los legisladores y políticos de la oposición, llegados a Campo de Mayo para alentar el alzamiento de las unidades militares contra el gobierno de Yrigoyen, no recibieron —en un principio— favorable acogida. Son numerosos y coincidentes los relatos de protagonistas de ese episodio, quienes testimonian haberse presentado en tales cuarteles, entusiastas, haciendo flamear banderas argentinas y dando vivas a la Revolución. Fueron detenidos por los guardias y llevados, bajo arresto, al local de la jefatura de la unidad. El mayor **Ávalos**, uno de los oficiales encargados de la guardia de Campo de Mayo aquel día, evocaría el incidente. De modo que en la Escuela de Artillería, el mayor

Ávalos fue leal al gobierno y el teniente 1° **Baisi**, revolucionario.

El Regimiento 10 de Caballería Húsares de Pueyrredón, al mando del teniente coronel Antonio Fernández Lima, permaneció sin definirse. El capitán **de la Vega**, comandante del 3er escuadrón del regimiento, declaró: "La actitud pasiva que el regimiento jugó en la Revolución se debió: 1) A la absoluta indecisión del Comandante de la División. 2) A la falta de una orden concreta absoluta de comunicaciones con el comando revolucionario".

La Escuela de Infantería —Regimiento 4 de Infantería, al mando del coronel Avelino J. Álvarez—, fue leal al gobierno. Allí revistaba el teniente 1° **Uriondo**. Álvarez depuso su actitud una vez comprobada la renuncia de las autoridades nacionales.

La Escuela de Suboficiales, al mando del teniente coronel Gregorio Salvatierra, permaneció inactiva, a pesar de que se organizaron preparativos para actuar contra las tropas sublevadas durante la tarde. El teniente 1° **Eizaguirre** era el comandante de la Compañía de Conscriptos. Su jefe, Salvatierra, lo calificaría con un alto concepto el día 8.

El capitán **Perón**, quien había integrado la sección Operaciones del Estado Mayor Revolucionario bajo las órdenes del general Uriburu, revistaba en el Estado Mayor del Ejército, cuya jefatura ejercía el general de brigada Francisco M. Vélez, y donde también prestaba servicios el coronel Francisco Fasola Castaño, activo en la conspiración los días previos al golpe. La acción que Perón desplegaría el 6 de septiembre de 1930, la concretó desde la Escuela Superior de Guerra, donde era profesor.

Sobre la actuación de Perón en la revolución de 1930 puede consultarse su propio testimonio: "Lo que yo vi en la preparación y realización de la revolución del 6 de septiembre de 1930. Contribución personal a la historia de la revolución". El apéndice único a José María Sarobe, *Memorias sobre la revolución del 6 de septiembre de 1930*. (Gure, Buenos Aires, 1957). También en: "Las memorias de Juan Perón (1895-1945)", en *Panorama*, N° 155. (Buenos Aires, 14 al 20 de abril de

1970). Otras fuentes: Enrique Pavón Pereyra. *Perón. Preparación de una vida para el mando. 1895-1942* (cita una memoria del coronel José A. Broochez Haymes). (Espiño, Buenos Aires, 9ª edición, 1953). Robert J. Alexander. *Juan Domingo Perón, A History*. (Westview Press, Boulder-Colorado, 1979). Fermín Chávez. *Perón y el peronismo en la historia contemporánea*. (Oriente, Buenos Aires, 1975). Jorge Alberto Arredondo. *Perón. Su protagonismo en la Revolución de 1930*. (Corregidor, Buenos Aires, 1998).

El capitán **de la Vega Aguirre** también revistaba en el Estado Mayor del Ejército. No se ha encontrado registro de que hubiese participado de las acciones revolucionarias.

El mayor **Ramírez**, en la Secretaría de la Inspección General del Ejército, fue bien conceptuado por el jefe, general Severo Toranzo (leal), y por el teniente coronel Álvaro Alsogaray (del Estado Mayor Revolucionario comandado por Uriburu).

El director de la Escuela Superior de Guerra, coronel Guillermo Valotta, observó (discutida) prescindencia hasta avanzados los sucesos. Aplicó el criterio de dejar en "libertad de acción" a sus subordinados, según prefiriesen expresarse a favor o en contra de la revolución. En lo personal, aguardó definiciones globales, sobre la pauta de lo resuelto por la cantidad más grande de tropas. Por la mañana, declara Valotta "me limité a neutralizar la Escuela; era, a mi juicio, lo prudente y lo que aconsejaba la situación". Ante aproximadamente 110 jefes y oficiales expresó, alrededor de las 10:00, que "nosotros debemos estar, desde ya espiritualmente con el sentir de nuestros camaradas y lo estaremos más tarde, también materialmente, porque el hacerlo significa estar, sin duda, con la buena causa". Por allí anduvo aquella mañana R.J. Noble, según testimonia. Valotta ratificó su posición ante el vicepresidente Martínez y el ministro González en la Casa de Gobierno, adonde concurrió poco antes de mediodía, añadiéndoles su voluntad de ¿no o sí? reprimir unidades revolucionarias. "Tengo a mis órdenes —señaló Valotta—, en la Escuela, cerca de 150 oficiales; veinte de ellos, se han incorporado al movimiento; los demás, no se hallan dispuestos a oponerse por la fuerza a la realización de los anhelos de sus camaradas". Valotta salió de Casa Rosada poco después de las 14:00, y se dirigió "a mi casa particular para almorzar". Volvió a la Escuela una hora más tarde, y se decidió a plegarse a la sublevación, entre las 16:30 y las 17:00, procurando unirse a la columna de Uriburu.

Según el teniente coronel Juan B. Molina: "Los oficiales de la Escuela Superior de Guerra (entre ellos, el capitán **Perón**) que estaban comprometidos, fueron destinados como agregados a algunas unidades, otros como dirigentes de fracciones civiles y otros debían concurrir a la Escuela, a la espera de los acontecimientos, siempre con la finalidad de decidir la intervención de las tropas no comprometidas y de fomentar el espíritu revolucionario en el ambiente del pueblo".

Se hallaban también en la Escuela los capitanes **González** y **Mittelbach**, y el teniente 1° **Mercante**.

El general Justo, luego de almorzar en su ocasional domicilio de Callao al 1400, se dirigió en compañía de sus camaradas amigos Sarobe y Tonazzi, y de otras relaciones personales, al Monumento de los Españoles. Domingo Mercante revela que su padre actuaba como "oficial de órdenes" de Justo, "que había sido su profesor de matemáticas en el Colegio Militar y director del mismo durante su período de estudios". Justo aparece junto a Mercante en aquel sitio en una fotografía publicada en la revista *Caras y Caretas* el 13 de septiembre de 1930.

El director general de Aeronáutica, coronel Jorge B. Crespo, no tuvo participación alguna en los sucesos. Tampoco la tuvieron los oficiales que prestaban funciones en la Dirección General, entre los que se contaba el teniente 1° **Ducó**.

La aviación militar sublevada efectuó sobrevuelos durante todo aquel sábado, continuando su actividad al día siguiente. Entre las unidades sublevadas se contó la base de Paraná, donde revistaba el teniente 1° **Menéndez**.

El capitán Oscar R. Silva, ligado al general Uriburu, fue el oficial de la base más activo en la conspiración desde sus inicios. Paraná se pronunció por la revolución pasadas las 14:00. El teniente coronel Alberto González Albarracín, jefe de la base, expresa: "Declaro no haber conocido con antelación a los hechos nada que pudiera referirse concretamente al movimiento". Los oficiales de la base estaban comprometidos con la revolución. Uno de ellos, el teniente 1° Alberto Ferrazzano, informa que González Albarracín les preguntó si estaban con la revolución: "Todos dijimos que sí", entonces, el comandante "nos expresó que él no sólo había sido jefe, sino amigo y que por lo tanto debíamos marchar unidos, ya que así lo queremos". Poco antes de las 15:00 despegaron dos aviones que, por razones técnicas, debieron aterrizar en Baradero, de donde partieron al día siguiente. En las máquinas Breguet que despegaron de Paraná iban el capitán Silva, los tenientes Ferrazzano y Brizuela, y el civil Rey Bassadre. Silva y Rey Bassadre llegaron a Retiro a las 22:30. El coronel retirado Enrique Pilotto cumplió diversas gestiones en apoyo de la revolución durante aquel día en Paraná.

El capitán **Argüero Fragueyro** era ayudante del comandante de la 3ª división de Ejército, con asiento en Paraná. Su jefe, el general Vernengo, acató la autoridad de Uriburu una vez que éste le comunicó telegráficamente que había tomado el gobierno nacional.

Los capitanes **Montes** y **Guillenteguy** revistaban en la 4ª división de Ejército, con asiento en Córdoba, cuyo jefe, el general Pertiné, expresó su acatamiento a la autoridad de Uriburu.

Montes, 1er comandante del Regimiento 13 de Infantería, con asiento en Córdoba, donde revistaba desde el 18 de abril de 1928 bajo las órdenes del teniente coronel Eduardo Baldassarre, fue comisionado el 7 de septiembre como delegado municipal en Villa María, por 64 días.

El teniente **Bengoa** era jefe de sección en la compañía de ametralladoras del Regimiento 16, en Mendoza. El jefe de la unidad, teniente coronel Edelmiro J. Farrell, lo calificó con un alto concepto. El 7 de septiembre, Bengoa fue nombrado por la comisión de intervención como jefe del cuerpo de bomberos.

La provincia se hallaba bajo intervención federal, y estaba prevista la realización de elecciones a gobernador para el domingo 7. Tras agitada reunión de gabinete, el vicepresidente Martínez, en ejercicio del Poder Ejecutivo, emitió un decreto suspendiendo aquéllas. Informado de la medida por el ministro González, el interventor Pizarro elevó su renuncia al "puesto de confianza y sacrificio con que me honró el excelentísimo señor Presidente de la Nación, doctor Hipólito Yrigoyen", por entender que "no existe en esta Provincia la situación de intranquilidad que funda el referido decreto".

El teniente **González Britos** revistaba desde el 23 de agosto de 1929 en el Distrito Militar 50, en San Luis, provincia que, al igual que Entre Ríos, no era gobernada por el radicalismo yrigoyenista, por lo cual no fue intervenida por Uriburu.

El subteniente **Villagrán** revistó en el Regimiento 17, en Catamarca, desde el 21 de enero de 1928 al 31 de diciembre de 1932.

No se han encontrado referencias sobre lo actuado por **Arias Duval, Ferrazzano** y **Pizales** en septiembre de 1930.

EL CAMINO A DAMASCO

El examen de las modalidades y los participantes de los **actos conmemorativos del 6 de septiembre de 1930** serviría como pauta para trazar inferencias sobre las alternativas del poder bajo los gobiernos conservadores y el militar de 1943. Al respecto, un decreto del 2 de septiembre de 1943 dispone honrar la revolución de 1930, considerando que fue un "movimiento cívico militar, determinado por el anhelo popular honda e intensamente contenido, de restablecer el imperio de la Constitución y restituir al pueblo el goce y ejercicio pleno de las instituciones civiles"; por lo tanto se hacía necesario conmemorar "el sacrificio generoso de los caídos en aquella jornada histórica y honrar la memoria de su prestigioso jefe, el teniente general José Félix Uriburu, que encabezaba el movimiento libertador".

Según Orona (*La Logia...*, p. 87): "No puede negarse que hubo una continuidad perfectamente definida: Logia General San Martín - 6 de septiembre - GOU - 4 de junio, en la que los mismos hombres sirvieron de *trait d'union*".

Como consecuencia de la acción de Perón en el gobierno del '43, y de la salida política mediante elecciones nacionales, la necesidad de aproximarse al radicalismo hizo que, por ejemplo,

Eduardo Colom, convencional nacional de la Unión Cívica Radical, estimara al 4 de junio como "la revancha con la cual había soñado desde el 6 de septiembre y a la que dediqué todos mis afanes". (*17 de Octubre. La revolución de los descamisados.* La Época, Buenos Aires, 1946, p. 15). Colom completa su análisis en el capítulo sugerentemente titulado "Sucesor de Hipólito Yrigoyen" (pp. 37-39) y "El coronel Perón y la Unión Cívica Radical" (pp. 40-42), en el cual, para salvar el pasado *septembrino* de Perón afirma: "En la década infame, que va de 1930 a 1943, Perón, como otros jefes militares, halló su camino de Damasco y comprendió que el radicalismo, en sus ideales, en su doctrina, en la integridad y en el luchar de sus hombres por un mundo mejor y una mayor justicia social, no era lo que los oligarcas decían... Y se convirtió en radical, en el primer radical en el pensamiento y en la acción" (p. 41).

Renovaciones de la Comisión Directiva del Círculo Militar

Otro seguimiento de interés tiene como objeto las alternativas de las **renovaciones de la Comisión Directiva en el Círculo Militar durante la década de 1930.**

En el acto eleccionario del 4 de junio de 1932, la lista blanca, que llevaba como candidato a presidente del Círculo al general de división Francisco Medina, logró 1.274 votos contra 512 de la lista azul, encabezada por el general de brigada Enrique Mosconi. En la lista blanca figuraban como vicepresidente 1° el coronel Nicolás Accame; secretario, el teniente coronel Julio Gras; vocales suplentes, el teniente coronel Bartolomé Descalzo y el coronel Juan Pistarini. En la lista azul, como vicepresidente 1° el coronel Félix Álvarez; y secretario, el mayor Félix Urdapilleta. (*Revista Militar,* N° 377, junio de 1932, p. 1009).

En la asamblea de renovación total de la Comisión Directiva, realizada el 24 de septiembre de 1932, resultó electo presidente, por 1.162 votos, el general de división Tomás Martínez; vicepresidente 1°, el general de división Juan E. Vacarezza; secretario, el teniente coronel Juan Lucio Cernadas; entre los vocales titulares se contaban el coronel Benjamín Menéndez y el teniente coronel Juan C. Bassi; y entre los vocales suplentes, el teniente coronel Edelmiro J. Farrell. (*Revista Militar,* N° 380, septiembre de 1932, p. 450).

Por asamblea para renovación parcial, del 10 de junio de 1933, siguió el general Martínez como presidente; como vicepresidente 2° resultó electo el coronel Adolfo Arana; secretario, el teniente coronel Juan Lucio Cernadas; entre los vocales titulares se contaba el coronel Pedro P. Ramírez. (*Revista Militar*, N° 389, junio de 1933, p. 1071).

El 9 de junio de 1934 fue electo vicepresidente 1° el general de brigada Francisco Fasola Castaño; secretario, el mayor Juan Perón; entre los vocales titulares figuraba el mayor Filomeno Velazco, y entre los vocales suplentes el teniente coronel Humberto Sosa Molina y el mayor Orlando Peluffo. (*Revista Militar*, N° 401, junio de 1934, p. 1397).

El 13 de junio de 1936 triunfó la lista azul, encabezada por el general de división Francisco Guido Lavalle; como vicepresidente 1° fue electo el coronel Abel Miranda; vicepresidente 2°, el coronel Pedro P. Ramírez; secretario, el mayor Aristóbulo Mittelbach; entre los vocales se encontraba el teniente coronel Emilio Ramírez. La derrotada lista blanca llevaba como candidato a presidente al coronel Adolfo Arana; vicepresidente 1°, al coronel Juan Bautista Molina, y vicepresidente 2°, al coronel Juan Lucio Cernadas. El capitán Severo Eizaguirre, por los votos obtenidos pasó a la comisión, al igual que el capitán Arturo Ossorio Arana, no así el mayor Julio Lagos. (*Revista Militar*, N° 425, junio de 1936, pp. 1502-1593).

En la renovación de autoridades del Círculo, el 12 de junio de 1937, el general Molina obtuvo la presidencia con 1.806 votos. Como vicepresidente 2° quedó el coronel Luis César Perlinger; secretario, el mayor Eduardo Lonardi; y uno de los vocales, el capitán Juan José Valle. (*Revista Militar*, N° 437, junio de 1937, p. 1454).

Actuación en el golpe de Estado del 4 de junio de 1943

Respecto de la actuación de los oficiales del GOU en el **golpe de Estado del 4 de junio de 1943**:

Los teniente coroneles **Saavedra** y **de la Vega** revistaban en Dirección General de Remonta, cuyo jefe era el general Rawson.

El capitán **Filippi** estaba próximo a su suegro, el general Ramírez, en la Secretaría del Ministerio de Guerra. Desde el 25 de junio pasó como Secretario Privado del Presidente de la Nación.

El teniente coronel **González** también siguió junto a Ramírez: de Ayudante en la Secretaría del Ministerio de Guerra pasó el 7 de junio a Secretario de la Presidencia de la Nación.

El teniente coronel **de la Vega Aguirre** siguió en el Ministerio de Guerra.

También el mayor **Bengoa** continuó como Secretario Ayudante del Ministro de Guerra, cargo que desempeñaba desde noviembre de 1942.

El coronel **Perón** y los tenientes coroneles **Montes** y **Mercante** revistaban a las órdenes del general Farrell, en la Inspección de Tropas de Montaña.

Perón pasó el 8 de junio a la Secretaría del Ministerio de Guerra, cuyo titular era Farrell. El mismo día, **Mercante** pasó como oficial mayor de la Secretaría (el día anterior había recibido una calificación favorable de Farrell). **Montes** quedó como jefe de la Inspección.

El teniente coronel **Uriondo** pasó el 6 de junio de la Inspección General del Ejército a la Secretaría del Ministerio de Guerra.

En la Dirección General del Personal se hallaban el coronel **Argüero Fragueyro** (era jefe de la 3ª División), el teniente coronel **Eizaguirre** (en comisión ante el Estado Mayor General del Ejército) y el mayor **Villagrán**.

El teniente coronel **Urbano de la Vega Aguirre** era el director general de la Dirección General de Seguridad e Informaciones de la Presidencia de la Nación. El subdirector, era el teniente coronel **Guillenteguy**.

Al mando de unidades se encontraban los coroneles **Ávalos** y **Ramírez**, los teniente coroneles **Lagos, Ladvocat, Menéndez, Mittelbach, Baisi** y **Ducó**, y el mayor **González Britos**.
Ávalos revistaba en la Inspección de Artillería. **Ramírez**, era director de la Escuela de Suboficiales. **Lagos**, el jefe de la 1ª Sección de la Inspección de Comunicaciones, en Campo de Mayo. **Ladvocat**, el jefe de la 3ª División, Organización e Instrucción, en la Plana Mayor del Cuartel Maestre General del Interior (en pocos días pasó a desempeñar el cargo de jefe de la Sección Informaciones y Prensa de la Presidencia de la Nación). **Menéndez**, el jefe de la Base Aérea Militar de El Palomar. **Mittelbach** fue jefe del Regimiento 10 de Caballería en Campo de Mayo de enero de 1940 a febrero de 1943, pasando a Buenos Aires como jefe de la División Cuartel Maestre en el Comando de Caballería. **Baisi** era director del Arsenal Esteban de Luca. **Ducó**, jefe de la División Cuartel Maestre en el Comando de Defensa Antiaérea (el 4 de junio asumió la jefatura del Regimiento 3 de Infantería). El mayor **González Britos** revistaba como auxiliar en la División Operaciones en el Comando del 2º Ejército.

No se han encontrado referencias sobre los mayores **Pizales** y **Ferrazzano**, ni del teniente 1º **Arias Duval**.

PRIMERAS REUNIONES

Si bien los animadores de las primeras reuniones del GOU fueron los teniente coroneles **Montes** (en rigor, los hermanos Aníbal, Miguel Ángel y Juan Carlos Montes) y **de la Vega** (Gontrán de Güemes, *Así se...*, pp. 21-22), "pronto predominaron cuatro coroneles" en el grupo: **Perón**, en Guerra y en Trabajo y Previsión; **González**, secretario de la Presidencia; **Ávalos**, jefe de Campo de Mayo; **Ramírez**, jefe de la Policía. (Del Carril, *Memorias*...,. pp. 37-38).

Montes había sufrido numerosas sanciones por actos de indisciplina, por lo que su carrera distaba de ser promisoria; su suerte cambió una vez que sirvió a las órdenes de Farrell.

Rodolfo Puiggrós (*Historia crítica de los partidos políticos argentinos. El peronismo. 1. Sus causas.* Jorge Álvarez, Buenos Aires, 1969, p. 115) confirma la importancia de los hermanos Montes en la gestación del GOU. Según la misma fuente, las reuniones del grupo se realizaban en la farmacia de otro de los hermanos, Tulio, en Uruguay y Tucumán, a la que los asistentes bautizaron como "la jabonería de Vieytes". Puiggrós agrega que los Montes eran radicales. También Emilio J. Corbière (*Estaban entre nosotros*. Letra Buena, Buenos Aires, 1992, p. 112), presenta a Juan Carlos Montes como sabattinista. Según completa Puiggrós, "Aníbal Montes fue el denunciante del negociado de los armamentos, gesto que interrumpió su carrera. Fue quien facilitó a Mario Bravo las pruebas documentales que el senador socialista usó en su interpelación al general Rodríguez, ministro del presidente Justo".

De la Vega era un destacado oficial de caballería que había tenido como superiores a los generales Ramírez y Menéndez (no existen pruebas de su participación en la conspiración de 1941).

Perón se refirió concretamente por entonces, y con carácter público, a su participación en la Revolución de 1943 en la conferencia "Una política para la clase media", pronunciada el 28 de julio de 1944 (publicada en *El pueblo quiere saber de qué se trata*, p. 118) y con mayor extensión y precisiones en la conferencia —antes referida— pronunciada el 21 de diciembre de 1945, publicada en *Tribuna de la Revolución* ("Los jefes de la revolución no eran hombres que debieran aparecer en primer plano, porque sabíamos —y así convenía que fuera— que en las revoluciones los hombres se imponen desde la segunda fila y no desde la primera, donde, invariablemente fracasan y son destituidos").

Del Carril (*Memorias...*, pp. 30-31, nota 6) se refiere a que "no fue fácil a Perón imponer su predominio en el GOU". Para neutralizar a sus camaradas del grupo, "Perón utilizó un recurso sencillo": ofreció "a sus rivales, posibles conspiradores, los salones del Ministerio de Guerra (en Callao y Viamonte), donde se celebraban regularmente las reuniones del GOU. Perón me lo explicó, con estas palabras: «Si de todas maneras se van a reunir para conspirar, mejor es que lo hagan aquí, donde los tengo vigilados y controlados». Según él, tenía su Senado (los coroneles y tenientes coroneles) y su Cámara de Diputados (los oficiales más jóvenes), que reunía cuando lo consideraba necesario".

Bartolomé Galíndez (*Apuntes de tres revoluciones. 1930-1943-1955.* Buenos Aires, 1956, pp. 76-77) ha enfatizado el celo de Perón para eliminar todo vestigio del GOU. Según dicho autor, Perón "estaba recolectando" las proclamas del grupo "para hacerlas desaparecer" pero que, gracias a la colección que se hallaba en poder del coronel Roque Lanús, poseía "otra colección completa de esas proclamas, y éstas se hallan bien guardadas en una caja de seguridad".

González aparece ligado al general Ramírez, operando con el legislador radical Juan I. Cooke. (Díaz Araujo, *La conspiración...*, p. 16).

Ávalos presenta un perfil netamente profesional, y cabría analizar cuándo y por qué razones pasó de ser un aliado a un adversario de Perón.

Ramírez, **Menéndez** y **de la Vega Aguirre** estuvieron comprometidos en la conspiración que entre febrero y abril de 1941 tramó Juan Bautista Molina. (Gontrán de Güemes, *Así se...*, pp. 9-13 y Franklin Lucero, *El precio de la lealtad.* Buenos Aires, 1959, pp. 15-18, mencionan a de la Vega y de la Vega Aguirre entre los conspiradores). (Sobre Ramírez: Manuel de Lezica, *Recuerdos de un nacionalista.* Buenos Aires, 1968, pp. 127-128).

Mercante pasó de ser considerado un oficial mediocre a un profesional sobresaliente, debido a su rendimiento bajo las órdenes de Ávalos y luego, en forma determinante, con Farrell y Perón.

También **González Britos** progresó en su carrera próximo a Farrell, Montes, Sosa Molina y Perón. De igual modo, **Uriondo** estuvo ligado a Velazco, Rottjer, Perón, von der Becke y Ramírez. Y **Bengoa**, a von der Becke, Lagos y Ramírez.

Ramírez se destacó en la Semana Trágica de 1919. Años después se vincularía con Álvaro Alsogaray, del grupo de Uriburu.

Del Carril (en *Memorias...*) revela diversos episodios de la proximidad de **Lagos** con Perlinger (pp. 31-32), de una importante confesión hecha por Perón en su presencia (p. 34) y del desconcierto de

Lagos ante los planes políticos de Perón (p. 35). La misma desconfianza habría manifestado **Baisi** (p. 51), un estudioso profesional.

En la foja de **Ducó** abundan prolongados quebrantos económicos. Su enemistad hacia Farrell y Perón estalló con el alzamiento que encabezó en 1944, que incluyó la toma de la municipalidad de Lomas de Zamora. Pero su nombre, para la posteridad, está ligado al Club Huracán, del cual fue destacado presidente, a tal punto, que el estadio de Parque de los Patricios aún lleva su nombre.

Héctor José Aguirre (*Reseña histórica de la Casa Militar de la Presidencia de la Nación Argentina*. Buenos Aires, 1953, p. 169) presenta referencias de **Mittelbach** como jefe de la Casa Militar de la Presidencia bajo Ramírez.

Díaz Araujo (*La conspiración...*, p. 41) señala la actitud que los miembros del GOU tuvieron hacia Perón y la que irían asumiendo ante sus avances en la política argentina: Ávalos, Ducó, Urbano de la Vega Aguirre, Agustín de la Vega, Eizaguirre, Saavedra, Enrique González, Emilio Ramírez y Filippi "estuvieron en contra, en forma pública, desde el principio".

Bengoa y Lagos "estuvieron contra Perón, al lado del general Luis C. Perlinger, en 1944; participaron de la conspiración en 1951 y fueron jefes en la revolución de septiembre de 1955".

Ladvocat "luego de ser peronista activo, se plegó a la revolución de 1955".

Argüero Fragueyro y Mittelbach "se unieron al peronismo después del '45".

De Pizales y Baisi "no sabemos su filiación política".

"Los peronistas desde el principio hasta el fin" fueron Ferrazzano, Uriondo y Fernando González.

Simpatías nacional socialistas

Varios miembros del GOU fueron **acusados de simpatizantes de la Alemania nacional socialista**.

Un seguimiento del tema implica atender en primer término a las tareas de la Comisión Investigadora de las Actividades Antiargentinas (CIAAA), dispuesta por la Cámara de Diputados de la Nación, que funcionó desde el 19 de junio de 1941 hasta el 6 de junio de 1943, bajo las presidencias de

Raúl Damonte Taborda (director del diario *Crítica* desde junio de 1945) y Juan Antonio Solari, con la colaboración del general Manuel Calderón y de los abogados Adolfo Lanús y Silvano Santander. (La Comisión publicó cinco *Informes*, 1 a 5, durante 1941).

Silvano Santander desató violentos y continuos ataques contra el GOU, y particularmente contra Perón, en sus libros *Nazismo en Argentina. La conquista del Ejército* (Pueblos Unidos, Montevideo, 1945), *Técnica de una traición. Juan D. Perón y Eva Duarte agentes del nazismo en la Argentina* (Tricromía, Montevideo, 2ª edición, revisada, 1953; réplica en: Walter von Simons: *Santander bajo la lupa. Técnica de un papelón*. Aluminé, Buenos Aires, 1956) y en *¿A dónde va Perón? De Berlín a Wall Street* (Ediciones de la Resistencia Revolucionaria Argentina, Montevideo, 3ª edición, 1955), publicado originalmente en Brasil con el título *O Caso Perón. Una conspiración continental,* por la Editora Globo, en traducción al portugués de Gilberto Miranda. También por Santander: *El gran proceso. Eichmann y el nazismo ante la justicia* (Silva, Buenos Aires, 1961).

Así mismo, Adolfo Lanús publicó un libro en el que volcó sus experiencias en la Comisión, titulado *Campo minado* (Buenos Aires, 1942).

El dirigente comunista Victorio Codovilla se ocupó de descalificar a la logia militar influyente en el gobierno de la Revolución de 1943 en el folleto titulado *Hay que derrocar a la camarilla del GOU. Carta a los patriotas y antifascistas de la Argentina* (Comisión Chilena de Solidaridad con el Pueblo Argentino, Santiago de Chile, diciembre de 1944).

El folleto editado por el Partido Comunista titulado *El otro terremoto de San Juan* (América, Montevideo, 1945, con prólogo de G. Arnedo Álvarez, firmado en diciembre de 1944) vuelve a atacar duramente a Perón y su grupo. En la portada interior se incluye esta leyenda: "Del primer terremoto hubiéramos podido recuperarnos. Pero mucho peores fueron las consecuencias del *otro terremoto:* lo que nos hizo el Gobierno del GOU" (Fdo.: "El Pueblo Sanjuanino"). Otro ejemplo: "San Juan es el símbolo de lo que puede hacer una camarilla nazi adueñada del poder. Es el cabal retrato de este régimen que hasta hoy, para vergüenza nuestra, soportamos. Lo que el GOU intenta es esparcir por todo el país las ruinas de San Juan. Porque si pudiera sostenerse en el poder para cumplir su programa dictatorial y belicista en beneficio de los intereses del nazismo, toda la Nación quedaría reducida a escombros" (p. 63).

Sven Cristensen ensayó una defensa de Perón en *¿Es el coronel Perón nazi-fascista?* (La Raza, Tucumán, 1945): "Confundir al coronel Perón y a la obra social que realizó desde la Secretaría de Trabajo y Previsión del gobierno militar, con los ideólogos del nazi-fascismo argentino que se apoderaron de importantes sectores de ese gobierno, es una obcecación de los enemigos de su reforma social, pero no la verdad" (p. 40).

Las imputaciones formuladas por el Gobierno de los Estados Unidos se encuentran en: War Department, *List of Nazi Party Members Outside Germany* (4 volúmenes) (Government Printing Office, Washington, 1946) y en particular en: Department of State, *Consultation among the American Republics with*

Respect to the Argentine Situation. Memorandum of the United States Government (Blue Book). (Government Printing Office, Washington, 1946). Las denuncias contenidas en el *Libro Azul,* dado a publicidad ante las elecciones nacionales de 1946, contra miembros del GOU, Perón y otros jefes del Ejército, fueron ampliamente difundidas por el diario *La Prensa.* En su edición del 13 de febrero de 1946 aparecían acusados de nazis los generales Sanguinetti y Giovannoni, los coroneles **González, Saavedra, Mittelbach, de la Vega** y **Argüero Fragueyro,** y el teniente coronel **Lagos.** (Vale atender a las solicitadas y noticias publicadas en el diario *La Nación* del 14 al 19 de febrero de 1946).

La obra del coronel de tendencia liberal Roque Lanús (de la promoción del '38, quien había sido pasado a retiro el 18 de abril de 1945) titulada *Al servicio del Ejército* (Buenos Aires, 1946) insistía en la tesis de la secta nazi, creada y orquestada por el coronel Perón.

La réplica oficial al *Blue Book* corrió por cuenta del Ministerio de Relaciones Exteriores y Culto, *La República Argentina ante el Libro Azul* (Dirección de Información al Exterior, Buenos Aires, 1946). En el Anexo VII de esa publicación figuran los descargos del general Juan Carlos Sanguinetti y de los coroneles Julio Alberto Lagos y Enrique P. González. En la parte final se deja constancia que han formulado sus descargos mediante solicitadas en medios de prensa los generales Rawson, Pertiné y Giovannoni, los coroneles Brinkmann y Santillana, y el mayor Filippi.

Bajo la firma del coronel Perón se publicó el *Libro Azul y Blanco* (Buenos Aires, 1946), en el que ataca particularmente al embajador Braden y su círculo en Buenos Aires.

Sobre el tema: Thomas F. McGann, "The Ambassador and the Dictator: The Braden Mission to Argentina and its Significance for United States Relations with Latin America", en *Centennial Review* (volumen VI, N° 3, verano de 1962, pp. 343-357) y Gary Frank, *Juan Perón vs. Spruille Braden. The History behind the Blue Book* (Universidad de America, Lanham, Maryland, 1980).

Uno de los principales acusados, particularmente por Santander, fue el teniente general Carlos von der Becke, quien salió finalmente al cruce con su libro *Destrucción de una infamia. Falsos "documentos oficiales"* (Buenos Aires, 1956). (Isaías J. García Enciso, "Biografía del general von der Becke", en *Historia,* dirigida por Armando Alonso Piñeiro, Buenos Aires, Tomo 12, N° 49, marzo 1992-mayo 1993, pp. 119-136).

Un Tribunal de Honor del Ejército Argentino, integrado por los tenientes generales Diego I. Mason, Benjamín Rattenbach, Laureano Anaya, Juan Carlos Sanguinetti y el general de división Luis C. Perlinger, falló el 26 de septiembre de 1956 la falta absoluta de culpabilidad de von der Becke, Pertiné, Farrell, Helbling, Ramírez, Peluffo, Tauber, Checchi, Gilbert y González.

También aportan sobre el tema: Edmund Smith, *Intervención yanqui en la Argentina* (Palestra, Buenos Aires, 1965) y Rogelio García Lupo, en los capítulos VII, XIII, XV y XXV de *La rebelión de los generales* (Proceso, Buenos Aires, 1962) (Jamcana, Buenos Aires, 2ª edición, 1963). Asimismo: Tomás Eloy Martínez, en "Perón y los nazis", en la revista *El Periodista* (N° 49 y 50, Buenos Aires, agosto de 1985). Corbière (*Estaban entre...*, p. 112) relativiza la filiación política del GOU: "fue nada más y nada menos que una logia militar que reunía a oficiales de distintas ideologías y concepciones políticas y que Perón utilizó para fortalecer su proyecto político. Cuando se agotó su operatividad, Perón la dejó morir y nunca más pudo reorganizarse".

La bibliografía se extiende al seminario organizado por la Universidad Humboldt, de Berlín, en 1966, publicada en español con el título *Hitler sobre América Latina* (Fondo de Cultura Popular, México, 1968).

De los trabajos publicados en los Estados Unidos merecen consultarse: Summer Welles, "Intervention and Interventions", en *Foreign Affairs* (Volumen 26, N° 1, octubre de 1967, pp. 116-133); Michael J. Francis, *The Limits of Hegemony. U.S. Relations with Argentina and Chile during World War II* (Universidad de Notre Dame, 1977); Randall B. Woods, *The Roosevelt Foreign Policy Establishment and the 'Good Neighbor'. The United States and Argentina. 1941-1945* (The Regent Press of Kansas, Lawrence, Kansas, 1979); Gary Frank, *Struggle for Hegemony: Argentina, Brazil and the United States during the Second World War* (Universidad de Miami, Coral Gable, Florida, 1979) y *Juan Perón vs. Spruille Braden. The Story Behind the Blue Book* (University Press of America, Lanham, Maryland, 1980); C.A. MacDonald, "The Politics of Intervention: the United States and Argentina. 1941-1946", en *Journal of Latin American Studies* (Volumen 12, N° 2, noviembre de 1980, pp. 365-396); R.A. Humphreys, *Latin America and the Second World War* (2 tomos) (Athlone, Londres, 1981-1982); Leslie B. Rout, Jr. y John F. Bratzel. *The Shadow War. German Espionage and United States Counterespionage in Latin America During World War II* (University Publications of America, Maryland, 1986).

También sobre el tema la excelente investigación de Ronald C. Newton, *El cuarto lado del triángulo. La "amenaza nazi" en la Argentina (1931-1947)* (en particular, el capítulo titulado "La Guerra y el mito posterior. 1939-1947") (Sudamericana, Buenos Aires, 1995), la investigación de Carlota Jackish, *El nazismo y los refugiados alemanes en la Argentina. 1933-1945* (Editorial de Belgrano, Buenos Aires, 1989), el documentado texto de Leonardo Senkman, *Argentina, la Segunda Guerra Mundial y los refugiados indeseables. 1933-1945* (Grupo Editor Latinoamericano, Buenos Aires, 1991) y el de Jorge Camarasa, *Los nazis en la Argentina* (Legasa, Buenos Aires, 1992).

Clarín, en su edición del domingo 19 de febrero de 1992, incluyó una amplia cobertura al tema "¿Perón era nazi?" Hablan: Ernesto Sábato, Carlos Menem, Félix Luna, Fermín Chávez, Isaac Rojas, Alvaro Alsogaray, Fernando Nadra, Antonio Cafiero, Juan Carlos Pugliese, Saúl Ubaldini.

Textos de: Carlos Eichelbaum. Investigación de: Daniel Arias, Ivana Costa, Yanina Kinisberg, Luis C. Aljure, Miguel Frías y Diego Lerer. [Segunda Sección, pp. 1-7].

Las investigaciones de Uki Goñi, *Perón y los alemanes. La verdad sobre el espionaje nazi y los fugitivos del Reich* (Sudamericana, Buenos Aires, 1998) y *La auténtica Odessa. La fuga nazi a la Argentina de Perón* (Paidós, Buenos Aires, 2002) han logrado vasta repercusión internacional.

La revista *Time - Latin American Edition*, en su número del 9 de noviembre de 1998 se hace eco de las revelaciones del libro de Goñi *Perón y los alemanes*. En la tapa figura un retrato de Perón con uniforme militar rodeado de cruces esvásticas con el título "Perón and the Nazis", y como subtítulo: "A new book details the former Argentine dictator's covert efforts to save war criminals and subvert neighboring governments". En la parte central de esa edición se incluyen las siguientes notas: "Perón's Nazi Ties. How the European Fascist sensibility found new roots and new life in the South Aatlantic region", por Mark Falcoff (pp. 14-16); extractos del libro de Goñi presentados con estos titulares: "Perón and the Germans. The story of his covert efforts to align Argentina with Nazi Germany, overthrow neighboring governments and secure the scape of Nazi war criminals", "Support for a bloc of nations led by Argentina was an essential objective of Himmler's espionage", "In Madrid, Perón admitted his relationship with fugitive Nazis to anyone who cared to ask" (pp. 17-22); y una nota sobre el libro de Goñi titulada "Hidden Troves of History", por Craig Offman (p.22).

GRUPO OBRA DE UNIFICACIÓN
FOJAS DE SERVICIOS EN EL EJÉRCITO ARGENTINO

MIEMBROS FUNDADORES

Domingo Alfredo Mercante
Severo Honorio Eizaguirre
Raúl Osvaldo Pizales
León Justo Bengoa
Francisco Filippi
Juan Carlos Montes
Julio Alberto Lagos
Mario Emilio Villagrán
Fernando González [Britos]
Eduardo Bernabé Arias Duval
Agustín Héctor de la Vega
Arturo Ángel Saavedra
Bernardo Ricardo Guillenteguy
Héctor Julio Ladvocat
Bernardo Dámaso Menéndez
Urbano de la Vega Aguirre
Enrique Pedro Agustín González
[Agustín] Emilio Ramírez
Juan Domingo Perón

MIEMBROS INCORPORADOS

Eduardo Jorge Ávalos
Aristóbulo Eduardo Mittelbach
Alfredo Aquiles Baisi
Oscar Augusto Uriondo
Tomás Adolfo Ducó
Heraclio Robustiano Antonio Ferrazzano
Alfredo Argüero Fragueyro

El autor agredece las atenciones recibidas durante su investigación en el Archivo del Ejército, a su Director, el señor coronel José Eduardo Valladares, y el encargado de la Sección Legajos, señor Víctor Randazzo.

MERCANTE, DOMINGO ALFREDO

Nació en Buenos Aires, el 11 de junio de 1898
Promoción 43
Artillería
Falleció el 21 de febrero de 1976

FOJA DE SERVICIOS
Legajo 15.994

Grado	Destino	Lugar	Fecha
Aspirante	Colegio Militar	San Martín	1º III 15

Al ingresar al Colegio Militar había cursado 2º año en la Escuela Normal de Profesores.

Cadete	Colegio Militar	San Martín	23 II 16

Egresó del Colegio Militar el 13 de Febrero de 1919.
Orden de mérito: 60 sobre 62.

Subteniente	Jefe de la 1ª Sección del Regimiento 4 de Artillería	Córdoba	7 III 19
Subteniente	Curso Superior del Colegio Militar	San Martín	1º III 20

El 15 de agosto de 1920, el mayor Pedro J. Rocco, jefe del curso superior del Colegio Militar, lo calificó en estos términos: "Durante su estada en el curso no ha puesto absolutamente ningún interés por el estudio, el trabajo y el cumplimiento de sus obligaciones. El informe desfavorable de los profesores, sus continuos partes de enfermo, faltas a clase y excusaciones lo justifican. Su actitud es harto más lamentable cuanto que no ha sabido mantener su buena calificación anterior. Mediocre."
Según el director del Colegio, coronel Agustín P. Justo: "La modificación experimentada por este oficial durante su permanencia en el curso no puedo sino atribuirla a la acción perturbadora del ambiente de la ciudad, sobre un joven harto irreflexivo, tanto más en este caso en que se trata de un oficial de no clara inteligencia. Mediocre".

Subteniente	Grupo N° 1 de Artillería a Caballo	Diamante	11 VIII	20
Subteniente	Grupo N° 1 de Artillería a Caballo	Goya	1° I	21

Su superior lo calificó como "muy bueno", en noviembre de 1921.

Subteniente	Regimiento 1 de Obuses de Campaña	Campo de Mayo	18 II	22
Teniente	Ascendió	Campo de Mayo	31 XII	22
Teniente	Regimiento 1	Liniers	31 VII	23
Teniente	Regimiento 4	Córdoba	19 I	24
Teniente	Jefe de Sección en la Escuela de Artillería	Campo de Mayo	3 II	25

El teniente coronel Ovidio Silvio Riccheri, director de la Escuela de Artillería, en Córdoba, el 15 de julio de 1925, lo calificó: "Oficial de un excelente espíritu de trabajo y contraído a sus obligaciones; pero su temperamento nervioso y su falta de método para el trabajo, son la causa por la cual no ha obtenido mejor resultado en las instrucciones que ha impartido, especialmente en la equitación. La instrucción de gimnasia la ha dado con mucho entusiasmo y ha sabido despertar interés en la tropa, habiendo obtenido en la inspección un resultado excelente".

Teniente 1°	Ascendió	Campo de Mayo	31 XII	26
Teniente 1°	Jefe de Sección en la Escuela de Artillería	Campo de Mayo	15 XI	27

El 25 noviembre de 1928, el teniente coronel Raúl Mones Ruiz, del Regimiento 6, escribió: "Durante el corriente año militar, este excelente oficial ha confirmado los conceptos emitidos en los dos años recientes y en los que me ratifico completamente. Sobresaliente".

Teniente 1°	Escuela Superior de Guerra - Alumno	Buenos Aires	20 I	30

El coronel Guillermo Valotta, director de la Escuela Superior de Guerra, el 16 de septiembre de 1930, lo calificó como sigue: "Debe esforzarse por aumentar sus conocimientos generales y militares, como también desarrollar su criterio. Ha demostrado contracción al estudio, habiendo hecho progresos. Muy bueno".

El nuevo director de la Escuela, coronel Miguel Duval, el 15 de noviembre de 1930, expresó: "Es muy empeñoso y trabajador. Muy puntual y celoso en el cumplimiento de sus obligaciones. Su interés y contracción al estudio le han valido para mejorar su preparación. - Muy bueno".

Capitán	Ascendió	Buenos Aires	31	XII	30
Capitán	2° Grupo de Artillería a Caballo	Campo de Mayo	31	I	31
Capitán	Jefe del Curso para Tenientes	Campo de Mayo	5	II	35

El 15 de noviembre de 1936, el director de la Escuela de Artillería, coronel Adolfo Espíndola, dijo en la foja de calificaciones: "Es muy subordinado y respetuoso y muy correcto. Muy trabajador y de mucho espíritu militar. Como jefe del curso de tenientes y como profesor del mismo se ha desempeñado en forma brillante, consagrándose a sus tareas con entusiasmo y minuciosidad. Sobresaliente".

Mayor	Ascendió	Campo de Mayo	31	XII	36
Mayor	Regimiento 6	Campo de Mayo	9	I	37
Mayor	Jefe del Regimiento 6	Campo de Mayo	26	X	37

El 15 de noviembre de 1937, el teniente coronel Eduardo Ávalos, jefe del Regimiento 6 de Artillería, lo calificó: "Este jefe, recientemente ascendido, por su dedicación y empeño ha podido ponerse en excelentes condiciones, siendo su actuación en todas las actividades, como jefe de grupo, muy correcta. En la concentración de artillería realizada en Monte su desempeño ha sido muy eficiente. Es serio, trabajador, muy leal con sus superiores, de excelentes condiciones físicas y gran camarada. Sobresaliente".
En el mismo informe de calificación, el general de división Nicolás C. Accame, comandante de la 6ª División de Ejército, en Bahía Blanca, lo calificó: "Inteligente, instruido, laborioso, su desempeño al frente del grupo ha sido acertado y eficaz. Es un afable y correcto camarada. Sobresaliente".

Mayor	Jefe del Regimiento 6	Campo de Mayo	15	XI	38

El 15 noviembre de 1938, el teniente coronel Ávalos, expresó en la foja de calificaciones: "Este jefe se ha desempeñado en forma altamente encomiable demostrando poseer excelentes condiciones como artillero y una preparación general muy satisfactoria. Ha encarado con todo acierto y elevado criterio los trabajos de movilización de la unidad que estaba a su cargo. Es serio, correcto, muy leal y excelente camarada. Sobresaliente".

El general Accame lo calificó como "sobresaliente", aunque señaló: "Reduzco las clasificaciones parciales de Morales de carácter y Competencia en el gobierno, a muy bueno".

Mayor	Comando de la 3ª Región Militar	Rosario	21 XII 38
Mayor	A disponibilidad	Buenos Aires	12 I 39
Mayor	Dirección General de Materiales del Ejército	Buenos Aires	12 VII 39

El 15 de noviembre de 1939, el general de brigada Pedro J. Rocco, director general de Materiales del Ejército, lo calificó: "Jefe serio, correcto en su procedimiento que ha colaborado con dedicación y entusiasmo a sus tareas. Culto, respetuoso y camarada subordinado. Sobresaliente". Mantuvo esa calificación con fecha 14 de abril de 1940.

Mayor	Revista en el Curso Básico de Jefes del Comando de Instrucción de Artillería	Campo de Mayo	15 IV 40
Mayor	Comando de la 6ª Región Militar	Neuquén	8 I 41
Mayor	Jefe de la División Central de la 6ª Región Militar	Neuquén	4 XI 41

En Neuquén, el 15 de noviembre de 1941, el general de brigada Edelmiro J. Farrell, comandante de la 6ª Región Militar, lo calificó: "Muy leal y franco, trabajador, modesto, buena inteligencia y conocimientos, excelente camarada. Se ha desempeñado con la mayor eficiencia. Sobresaliente".

Teniente coronel	Ascendió	Neuquén	31 XII 41

Nuevamente el general Farrell, en Neuquén, con fecha 4 de enero de 1942, emitió el siguiente juicio: "Muy leal y franco, trabajador modesto, buena inteligencia y conocimientos, excelente camarada. Se ha desempeñado muy bien. Juicio correspondiente a 1 mes y 20 días. - Sobresaliente".

Teniente coronel	Comando de la 6ª Región Militar	Bahía Blanca	5	I	42
Teniente coronel	Inspección de Tropas de Montaña	Buenos Aires	13	III	42

Con fecha 15 de noviembre de 1942, en Neuquén, el general Farrell lo calificó: "Muy leal, franco, trabajador, buena inteligencia y conocimientos profesionales; excelente espíritu militar; muy buen rendimiento en el trabajo; se desempeña con eficiencia como jefe de la sección central. - Sobresaliente".

Teniente coronel	Oficial Mayor de la Secretaría del Ministerio de Guerra	Buenos Aires	8	VI	43

El general Farrell, Inspector de Tropas de Montaña, en Buenos Aires, el 7 de junio de 1943, escribió: "Posee excelentes condiciones de trabajo y laboriosidad, inteligencia y espíritu militar. Camarada muy sincero. Gran carácter y decisión. Sobresaliente".

Teniente coronel	Secretario de la Vicepresidencia de la Nación, sin perjuicio de sus funciones en la Secretaría del Ministerio de Guerra.	Buenos Aires	20	X	43

El coronel Juan Perón, en Buenos Aires, el 15 de noviembre de 1943, emitió el siguiente juicio concreto: "Jefe destacado. De una dedicación extraordinaria a sus tareas. Leal, correcto, de excelente criterio y gran espíritu de colaboración. Es el prototipo del Oficial de Guerra. Valiente y con gran sentido de responsabilidad. Modesto y gran camarada. Me merece un alto concepto".

Teniente coronel	Interventor de la Unión Ferroviaria y La Fraternidad	Buenos Aires	4	XI	43

Por Decreto N° 5.858/44 del 8 de marzo de 1944, Prorrógase su mandato por el término necesario para la total reorganización de la Unión Ferroviaria y La Fraternidad.

Teniente coronel	Director General de Asistencia y Previsión Social para Ferroviarios	Buenos Aires	8	IX	44
Teniente coronel	Oficial Mayor en la Secretaría del Ministerio de Guerra	Buenos Aires	15	XI	44

El jefe interino de la Secretaría del Ministerio de Guerra, coronel José V. Fernández, con fecha 21 de septiembre de 1944, escribió: "Se distingue por sus condiciones de colaborador decidido y activo. Su espíritu resuelto afronta toda dificultad con energía y tenacidad. De sana inspiración. Dedicado de lleno a sus tareas. Es un excelente camarada".

Teniente coronel	Secretario de Trabajo y Previsión	Buenos Aires	19	X	45

Al ser nombrado Secretario de Trabajo y Previsión, acumulaba los cargos de: Oficial Mayor de la Secretaría del Ministerio de Guerra; Secretario de la Vicepresidencia de la Nación; Interventor de la Unión Ferroviaria y La Fraternidad; Director General de Asistencia y Previsión Social Ferroviaria.

Coronel	Ascendió	Buenos Aires	31	XI	45
Coronel	Pasó a retiro a su solicitud	Buenos Aires	14	I	46

Esposa: María Elena Caporale
Hijos: Marta Flora (n. 1924) y Domingo Alfredo (n. 1927).

Calificación del general Farrell al teniente coronel Mercante.
Neuquén, 15 de noviembre de 1942.

Calificación del general Farrell al teniente coronel Mercante.
Neuquén, 7 de junio de 1943.

Calificación del coronel Perón al teniente coronel Mercante.
Neuquén, 15 de noviembre de 1943.

Formulario llenado de puño y letra por el capitán Mercante.
Campo de Mayo, 10 de noviembre de 1931.

Eizaguirre, Severo Honorio

Nació en Ojo del Agua (La Pampa), el 30 de diciembre de 1901
Promoción 46
Infantería
Falleció el 27 de agosto de 1973

Foja de servicios
Legajo 15.912

Grado	Destino	Lugar	Fechas
Cadete	Colegio Militar	San Martín	1 III 18

Al ingresar al Colegio Militar había cursado 1er año del Colegio Nacional.

Dragoneante	Ascendió	San Martín	8 IV 21
Subteniente	Ascendió	San Martín	20 XII 21

Egresó del Colegio Militar el 20 de diciembre de 1921.
Orden de mérito: 89 sobre 96.

Subteniente	Regimiento 17	Catamarca	21 XII 21
Subteniente	Regimiento 17 - Jefe de Sección de la 2ª Compañía	Catamarca	26 XII 21
Teniente	Ascendió	Catamarca	31 XII 24
Teniente	Regimiento 17 - Jefe de Sección de la 1ª Compañía	Catamarca	23 I 25
Teniente	Regimiento 17 de Infantería Jefe de Comunicaciones	Catamarca	8 VIII 25
Teniente	Escuela de Suboficiales "Sargento Cabral"	Campo de Mayo	20 I 27
Teniente	Escuela de Suboficiales - Jefe de Sección de la 2ª Compañía	Campo de Mayo	28 I 27
Teniente	Escuela de Suboficiales Comandante de la 3ª Compañía	Campo de Mayo	27 IX 29

| Teniente 1° | Ascendió (con retroactividad) | Campo de Mayo | 31 | XII 28 |
| Teniente 1° | Escuela de Suboficiales - Comandante de la Compañía de Conscriptos | Campo de Mayo | 15 | XI 29 |

El teniente coronel Gregorio Salvatierra, por el director de la Escuela de Suboficiales, en Campo de Mayo, lo calificó en estos términos, el 15 de noviembre de 1929: "Este oficial es un buen instructor y se preocupa por sus asuntos para satisfacer en mejor forma el servicio, siendo su espíritu de trabajo recomendado por el señor comandante de la 2ª División de Ejército en nota reservada número 388, lo que a su vez le valió una felicitación del suscrito por orden del día de la Escuela número 1087, donde se le ponía como ejemplo de la virtud del cumplimiento del deber por su brillante comportamiento en una comisión del servicio. Como comandante de la 3ª Compañía se ha desempeñado a entera satisfacción. Es culto, atento, buen camarada, subordinado y puntual. Sobresaliente".

El mismo teniente coronel Salvatierra, el 8 de septiembre de 1930, escribió en la foja de calificaciones: "Este oficial es un buen instructor y se preocupa por sus asuntos para satisfacer en mejor forma el servicio. Como comandante de la compañía de conscriptos se ha desempeñado a entera satisfacción. Es culto, atento, buen camarada. Subordinado y puntual. Sobresaliente".

Teniente 1°	Escuela de Suboficiales - Ayudante del Subdirector	Campo de Mayo	10	XII 30
Teniente 1°	Distrito Militar 4 - Auxiliar	Buenos Aires	10	X 31
Teniente 1°	Escuela de Suboficiales - Comandante de la 2ª Compañía	Campo de Mayo	4	II 32
Teniente 1°	Escuela Superior de Guerra - Alumno	Buenos Aires	1	III 33

El jefe de cursos de la Escuela Superior de Guerra, con el conforme del teniente coronel Rottjer, en septiembre de 1933, lo calificó como sigue: "Ha aumentado sus limitados conocimientos iniciales. Criterio que evoluciona satisfactoriamente. Aceptable capacidad de resolución, aún cuando en el terreno son un tanto lentas. Mejoró su caligrafía y la redacción de sus trabajos escritos. Tiene una aceptable seguridad de juicios. Ha aprovechado regularmente el curso".

El subdirector de la Escuela, teniente coronel Enrique Rottjer, lo calificó: "Serio, correcto en sus procederes, subordinado, respetuoso y buen camarada. Ha aprovechado el curso I B de esta Escuela Superior, pero fáltale aún ampliar su capacidad de resolución en el terreno y debe prestar mayor dedicación a intensificar sus conocimientos profesionales, lo que afecta en algo sus condiciones y aptitudes de espíritu militar. Bueno".

El director de la Escuela, coronel Guillermo Mohr, expresó: "Satisfacen sus condiciones generales, pero conserva aún deficiencias de formación profesional que debe preocuparse de hacer desaparecer pronto. Bueno".

Teniente 1°	Escuela de Suboficiales - Ayudante del Director	Campo de Mayo	15	IX	33
Capitán	Ascendió	Campo de Mayo	31	XII	33
Capitán	Dirección General de Tiro y Gimnasia	Buenos Aires	9	II	34
Capitán	Regimiento 1 "Patricios" - Comandante de la 6ª Compañía	Buenos Aires	11	I	36
Capitán	Regimiento 1 - Jefe de destacamento a cargo del cuartel	Buenos Aires	26	X	36

El general de división Guillermo Mohr, el 15 de noviembre de 1936, lo calificó en estos términos: "Posee excelentes condiciones generales. Sobresaliente".

Capitán	Regimiento 1 - Jefe del destacamento de Guardia de Honor al Presidente de los Estados Unidos	Buenos Aires	30	XI	36
Capitán	Regimiento 9	Corrientes	18	I	37
Capitán	Regimiento 9 - Jefe de la 6ª Compañía	Corrientes	26	I	37
Capitán	Escuela de Infantería - Comandante de la 2ª Compañía	Campo de Mayo	21	VIII	38

En Paraná, en 1938, repitiendo la calificación sobresaliente del año anterior, el comandante de la 3ª División, general Julio C. Costa, lo calificó: "Honrado, serio, subordinado, leal y de absoluta confianza. Muy buen camarada".

Al año siguiente fue calificado con "sobresaliente" por el nuevo comandante, coronel Juan N. Tonazzi.

Mayor	Ascendió	Campo de Mayo	31	XII	38
Mayor	3ᵉʳ Jefe del Regimiento 9	Corrientes	15	I	39
Mayor	Dirección General del Personal - 3ª División	Buenos Aires	5	I	42
Teniente coronel	Ascendió	Buenos Aires	31	XII	42
Teniente coronel	Dirección General del Personal - Jefe Accidental de la 1ª División	Buenos Aires	31	XII	42

El 15 noviembre de 1942, el director general del Personal, general de brigada Ángel María Zuloaga, lo calificó en estos términos: "Posee alto cumplimento del deber, demostrando siempre celo y escrupulosidad en el desempeño de sus tareas. Muy respetuoso con sus superiores. Muy bueno".

| Teniente coronel | Dirección General del Personal - Jefe de la Sección Oficiales en Actividad | Buenos Aires | 20 | I | 43 |
| Teniente coronel | Dirección General del Personal - En Comisión como delegado ante el Estado Mayor General del Ejército para cooperar en la revisión de los Cuadros de Organización de Paz | Buenos Aires | 17 | IV | 43 |

Con fecha 3 de junio de 1943, el jefe de la 1ª División de la Dirección General del Personal, coronel Fortunato Giovannoni, escribió: "Jefe de condiciones excepcionales. De gran capacidad de trabajo, de criterio claro, inteligente, sumamente respetuoso y fiel cumplidor de sus obligaciones. Ha colaborado eficientemente con su jefe de división en las distintas tareas a su cargo. De sana moral y excelente camarada. Sobresaliente".

En la misma fecha, el general de brigada Zuloaga, dijo: "Este jefe posee un alto espíritu militar. Es trabajador, activo e inteligente. Es escrupuloso en el desempeño de sus tareas. Muy buen colaborador. Es correcto, educado y respetuoso. Sobresaliente".

| Teniente coronel | Jefe del Regimiento 2 "General Balcarce" | Buenos Aires | 4 | VI | 43 |

Del 23 al 26 de septiembre de 1943 fue designado en la comitiva que acompañó al Presidente de la Nación, general Pedro P. Ramírez, en su visita a Tucumán.
El coronel Isidro I. Martini, comandante interino de la 1ª División, el 15 de octubre de 1945, expresó: "Ha dirigido la instrucción de oficiales y preparado su unidad para la guerra con gran acierto".
Por decreto del 24 de noviembre de 1945 fue relevado como jefe del Regimiento 2.

Teniente coronel	Dirección General del Personal - Jefe de la 1ª División	Buenos Aires	3	XII	45
Teniente coronel	Dirección General del Personal - Secretario General accidental	Buenos Aires	8	I	46
Teniente coronel	Comandante de Infantería de la 7ª División de Ejército	Corrientes	24	XII	46
Coronel	Ascendió	Paso de los Libres	31	XII	46
Coronel	Secretario General de la Dirección General de Sanidad	Buenos Aires	10	I	47
Coronel	Centro de Altos Estudios - Curso de Coroneles	Buenos Aires	1	V	47
Coronel	Seis meses de licencia extraordinaria de conformidad con lo determinado por la ley N° 12.913 (Art. 84 inciso 4° de la Ley Orgánica del Ejército)	Buenos Aires	7	IX	48
Coronel	Continúa en el mismo destino	Buenos Aires	15	X	48
Coronel	A retiro	Buenos Aires	31	III	49
Coronel	Alta en el cuerpo de servicio activo	Buenos Aires	17	III	56
Coronel	Retiro efectivo definitivo, con carácter voluntario	Buenos Aires	31	III	58

Esposa: Jorgelina Castex Legle
Hijo: Severo Jorge (n. 1938)

EJERCITO ARGENTINO

Anexo I

OFICIALES

Buenos Aires, 15 de Oct. de 19 48

FOJA DE CALIFICACION del **Coronel**
de **Infantería** Don **SEVERO HONORIO EIZAGUIRRE**
Nació en **Ojo del agua (Pampa)** el **30** de **Diciembre** de 1 **902**
Nombre del Padre **NICOLAS**
Nombre de la Madre **CONCEPCION BUSTINDUY**
Nombre de la Esposa **JORGELINA CASTEX**
Nombre de los hijos y fecha del nacimiento **SEVERO JORGE, nacido el 18 de abril de 1938.-**

Nombre de los hijos y fecha del fallecimiento

Instrucción y educación antes de ingresar al Ejército

ESCUELAS CURSADAS	AÑOS	GRADOS	DIPLOMAS O CERTIFICADOS
Escuela Primaria	6	6	
Colegio Nacional	1	1er.	

Instrucción y educación después del ingreso al Ejército

ESCUELAS CURSADAS	AÑOS	GRADOS	DIPLOMAS O CERTIFICADOS
Colegio Militar	3		Subteniente
Curso de Comunicaciones	45 días		
E.S.G, Curso I.B.	6 meses		

Carátula del legajo de Severo Honorio Eizaguirre.

PIZALES, RAÚL OSVALDO

Nació en Buenos Aires, el 5 de agosto de 1905
Promoción 49
(Orden de mérito: 28 sobre 88)
Infantería

Con el grado de teniente coronel fue dado de baja el 30 de junio de 1944, incorporándose a la Fuerza Aérea Argentina, al momento de su creación. Pasó a retiro, con el grado de brigadier, el 26 de septiembre de 1955. Falleció el 2 de octubre de 1995.

(Las autoridades de la Fuerza Aérea Argentina no respondieron a las reiteradas solicitudes de autorización para consultar su legajo personal.)

CURSO DE AVIACIÓN 11 - 12 DE MAYO DE 1927

N°/c	OM	Grado	Apellido y Nombres	Fecha Nacim.	Fecha Ingreso	Fecha Egreso	Escal.	Grado Alcanz.	Retiros Bajas Destituc.	Fecha Fallec.
115	1	Tte	ALDORINO, Luis	25-08-897	11-03-914	20-12-917	AM	Tcnl	R 22-04-945	31-01-950
116	2	Tte	RAWSON BUSTAMANTE, Juan	21-01-902	01-03-919	20-12-921	AM	Vcom	R 08-03-941	07-12-964
117	3	Subt	SAN MARTÍN, Juan Ignacio (1)	24-08-904	01-03-921	24-07-924	TEC	Brig My	R 27-12-956	13-12-966
118	4	Subt	BERNARD, Mario Felipe (2)	17-08-902	01-03-922	24-07-924	GEN	Brig My	R 06-11-956	02-06-977
119	5	Subt	PIZALES, Raúl Osvaldo	05-08-905	01-03-922	24-07-924	AM	Brig	R 26-09-955	02-10-995
120	6	Subt	HERMANSSON, Gustavo Adolfo	22-04-905	01-03-921	24-07-924	AM	Brig Gral	R 13-01-956	30-08-970
121	7	Subt	BRIZUELA, Luis Ernesto	19-08-902	01-03-921	24-07-924	AM	Brig My	R 25-02-953	21-09-954
122	8	Subt	BONEL, Roberto Esteban	03-08-905	01-03-923	31-12-924	AM	Com	R 29-04-946	27-01-994
123	9	Subt	CAMPODÓNICO LAVALLE, César	15-03-904	01-03-921	23-03-925	AM	My	R 22-02-946	18-04-982
124	10	Subt	FERRARIO, Joaquín Ramón	15-08-905	01-03-922	23-03-925	AM	Vcom	R 10-03-945	03-01-959
125	11	Subt	PEÑA, Jorge Ernesto	25-05-903	01-03-922	22-12-925	AM	My	R 09-04-945	25-12-995

(1) 15-01-931 y (2) 05-12-944 incorporado del EA

Historia de la Fuerza Aérea Argentina. Tomo VII. Promociones cuerpo de comando 1912-2001. Comodoro (R) Santos Alfonso Domínguez Koch. Dirección de Estudios Históricos de la Fuerza Aérea Argentina. Buenos Aires. 2002.

BENGOA, LEÓN JUSTO

Nació en Buenos Aires, el 14 de enero de 1907
Promoción 51
Infantería
Falleció el 2 de junio de 1979

FOJA DE SERVICIOS
Legajo 15.722

Grado	Destino	Lugar	Fechas
Cadete	Colegio Militar	San Martín	1 III 23
Cadete becado	Colegio Militar - Se le concedió beca	San Martín	1 II 24
Dragoneante	Ascendió	San Martín	22 I 25
Cabo	Ascendió	San Martín	17 XII 25
Subteniente	Ascendió	San Martín	22 XII 25

Egresó del Colegio Militar el 22 de diciembre de 1925.
Orden de mérito: 16 sobre 94

Subteniente	Regimiento 16 - 1er Jefe	Mendoza	22 XII 25
Subteniente	Regimiento 16 - 5° Jefe	Mendoza	31 I 26
Subteniente	Regimiento 16 - 6° Jefe	Mendoza	31 III 26
Subteniente	Concurre a las grandes maniobras, como ayudante, en el Regimiento 16	Mendoza	15 X 27
Subteniente	Regimiento 16 - Jefe de Sección en la Compañía de Ametralladoras	Mendoza	29 I 28

El general Francisco Medina, comandante de la división en Córdoba, el 15 noviembre de 1928, lo calificó: "Oficial que se distingue por su inteligencia y dedicación al trabajo, haciéndose acreedor al alto concepto de sus jefes. Sobresaliente".

| Teniente | Ascendió | Mendoza | 31 XII 28 |

El teniente coronel Edelmiro Farrell, jefe del Regimiento 16, en Mendoza, el 1º de julio de 1929, expresó en la foja de calificaciones: "Este oficial se distingue por sus condiciones de carácter, constancia, dedicación, corrección y energías en la preparación de su tropa. Aplica con claro criterio los reglamentos obteniendo el máximo rendimiento; ha colaborado con gran eficiencia y entusiasmo con su comandante de compañía". Ese juicio fue ratificado el 28 de julio de 1929.

Teniente	Auxiliar en el Distrito Militar 51	Mendoza	22 VII 29
Teniente	Regimiento 16	Mendoza	13 IX 29
Teniente	Regimiento 16 - Jefe de Sección en la Compañía de Ametralladoras	Mendoza	15 XI 29

Farrell, el 24 de junio de 1930, expresó: "Reúne condiciones de instructor muy recomendables. Conoce a fondo la instrucción en montaña. Es muy práctico, empeñoso y obtiene resultados excelentes de la tropa. Coopera con decisión y mucha eficiencia". La calificación fue ratificada el 15 de noviembre de 1930.

Teniente	Comisión de intervención como jefe del Cuerpo de Bomberos	Mendoza	7 IX 30
Teniente	Escuela de Infantería	Campo de Mayo	7 XI 30
Teniente	Regimiento 4 - Escuela de Infantería - Jefe de la 2ª sección	Campo de Mayo	15 XI 30

En Campo de Mayo, el 15 de noviembre de 1931, el subdirector y jefe de regimiento, mayor Humberto Sosa Molina, lo calificó en estos términos: "Muy íntegro en sus procedimientos, veraz, recto y ecuánime. Con un elevado sentido del deber que lo practica a conciencia. Tiene verdadero amor por la profesión. Es muy resuelto, enérgico e independiente en su juicio. Es muy leal, altivo, de iniciativa y de mucho amor a la responsabilidad. Sumamente contraído a sus obligaciones. Muy subordinado, muy correcto en el trato con superiores y subalternos. De sobresaliente espíritu militar y condiciones de mando. Excelente instructor. De muy buenos conocimientos profesionales, inteligente, de muy buen criterio, de rápida concepción, discreto y sagaz. Excelente camarada. Sobresaliente".

LOS IDEALISTAS CON ENTUSIASMO

Sosa Molina, el 15 noviembre de 1932, ratificó: "En un año más de observación este oficial ha confirmado sus brillantes condiciones de soldado". Igualmente, con fecha 15 de noviembre de 1933: "Tiene alma de soldado y vive consagrado por entero y con gran dedicación a las tareas de la profesión". Nuevamente, el 15 de noviembre de 1934, dijo: "De grandes aptitudes para el mando, sabe llegar al corazón de sus subordinados". Similares conceptos figuran en la calificación del 15 de noviembre de 1935.

Teniente	Regimiento 4 - Ayudante del Subdirector y jefe del Regimiento	Campo de Mayo	15 XI 32
Teniente	Regimiento 4 - 3er Jefe de la Sección 2^a	Campo de Mayo	31 XII 32
Teniente 1°	Ascendió	Campo de Mayo	31 XII 32
Teniente 1°	Colegio Militar	San Martín	23 II 33
Teniente 1°	Colegio Militar - Jefe de Sección	San Martín	15 XI 33
Teniente 1°	Escuela Superior de Guerra - Alumno	Buenos Aires	17 XII 35
Capitán	Ascendió	Buenos Aires	31 XII 37
Capitán	Escuela Superior de Guerra - Curso de Estado Mayor	Buenos Aires	15 XI 38

El viaje final de instrucción de la Escuela se realizó en Concordia (provincia de Entre Ríos), del 7 al 26 de noviembre de 1936. También con la Escuela, cumplió una visita de reconocimiento durante el mes de enero de 1937, por Portezuelo Nievas Negras, Portezuelo Piuquenes, Portezuelo de las Tunas y Los Chacayes.

El viaje final de instrucción correspondiente al año 1937, se realizó en Neuquén, del 4 de noviembre al 11 de diciembre.

El 15 de noviembre de 1937, el coronel Carlos von der Becke, director de la Escuela Superior de Guerra, escribió: "Por el conjunto de relevantes condiciones que posee, se destaca ya como un oficial de porvenir".

El viaje final de instrucción del año 1938 se cumplió en Mendoza, del 16 de noviembre al 10 de diciembre.

El 4 de enero de 1939, el jefe de cursos de la Escuela Superior de Guerra, mayor Benjamín Rattenbach, ratificó su calificación: "Oficial excelente por el conjunto de sus cualidades".

El 15 noviembre de 1940, el general de brigada Rodolfo Márquez, jefe del Estado Mayor General del Ejército, destacó las "sobresalientes aptitudes" del oficial calificado.

| Capitán | Estado Mayor General del Ejército como Oficial de Estado Mayor | Buenos Aires | 5 | I | 39 |
| Capitán | Estado Mayor General del Ejército - 2ª División - Informaciones | Buenos Aires | 12 | I | 39 |

El 1° de julio de 1940, el mayor Julio Lagos, jefe de la División Informaciones del Estado Mayor General del Ejército lo calificó "sobresaliente", expresando: "Oficial trabajador, empeñoso y preocupado, que se destaca por su eficiencia en el trabajo". La alta calificación fue reiterada al año siguiente y en 1942.

| Capitán | Secretario Ayudante del Ministro de Guerra | Buenos Aires | 14 | XI | 42 |
| Mayor | Ascendió | Buenos Aires | 31 | XII | 42 |

Por resolución del 13 de noviembre de 1943, se considera como servicio de Estado Mayor las funciones que desempeña en la Secretaría del Ministerio de Guerra, con anterioridad a la fecha de su pase.

| Mayor | Jefe de la División Informaciones de la Presidencia de la Nación | Buenos Aires | 15 | IV | 44 |

El 15 de noviembre de 1944, el teniente coronel Gregorio Tauber, secretario de la Presidencia de la Nación, lo calificó "sobresaliente", expresando: "Como jefe de la División Informaciones de la Secretaría de la Presidencia, ha satisfecho ampliamente las tareas a su cargo".

Mayor	Escuela Superior de Guerra - Profesor permanente	Buenos Aires	12	I	45
Mayor	Escuela de Inteligencia de Ejército - Profesor no permanente	Buenos Aires	1	II	45
Mayor	Profesor permanente de "Conducción de Grandes Unidades" en el Curso de Estado Mayor	Buenos Aires	1	II	45

Concurrió a ejercitaciones prácticas de frontera, en Chaco y Formosa, del 10 al 20 de julio de 1945, y al viaje final de instrucción en zonas de frontera, en Entre Ríos y Corrientes, del 11 al 25 de noviembre del mismo año. El 15 de octubre de 1945, el general de división Diego I. Mason, jefe del Estado Mayor General del Ejército, expresó: "Posee muy buenas aptitudes intelectuales y sólida preparación profesional. Sobresaliente".

Teniente coronel	Ascendió	Buenos Aires	31 XII 45	
Teniente coronel	Profesor permanente en el Curso Estado Mayor	Buenos Aires	15 X 46	
Teniente coronel	Profesor permanente de Conducción Táctica y Operativa	Buenos Aires	1 III 47	
Teniente coronel	Profesor permanente de Conducción del Curso de Estado Mayor	Buenos Aires	1 III 48	
Teniente coronel	Estado Mayor General del Ejército - Jefe de la 3ª División	Buenos Aires	18 I 49	
Coronel	Ascendió	Buenos Aires	31 XII 49	
Coronel	Estado Mayor de Coordinación	Buenos Aires	13 XI 51	
Coronel	Curso en la Escuela Nacional de Guerra	Buenos Aires	14 V 52	
Coronel	Estado Mayor Conjunto - Jefe de la 3ª División	Buenos Aires	15 X 52	
Coronel	Estado Mayor Conjunto - 2º Jefe interino	Buenos Aires	23 XII 52	
General de brigada	Ascendió	Buenos Aires	31 XII 52	
General de brigada	Confirmado en el cargo	Buenos Aires	4 II 53	

El 13 de julio de 1953, el general de división Humberto Sosa Molina, ministro de Defensa Nacional, lo calificó en estos términos: "General de sobresalientes aptitudes. Personalidad bien definida, recia y ecuánime. Es una garantía de integridad moral".

El 15 de octubre del mismo año, el ministro de Ejército, general de división Franklin Lucero, lo calificó expresando: "Su lealtad acrisolada, probidad y patriotismo, son garantía de éxito en el cumplimiento de cualquier misión". Al año siguiente, el 15 de octubre de 1954, ratificó: "Reúne las más altas condiciones militares y ha conquistado, por sus grandes méritos, el más elevado prestigio".

General de brigada	Subdirector del Centro de Altos Estudios	Buenos Aires	14 VII 53
General de brigada	Director del Centro de Altos Estudios	Buenos Aires	20 VIII 53
General de brigada	Juez ad hoc de Instrucción Militar	Buenos Aires	18 XII 53
General de brigada	Comandante de la 3ª División	Paraná	16 X 54
General de brigada	Concurre a efectuar su presentación ante el Comandante en Jefe del Ejército (Radio 362 Jefejer del 6 de junio de 1955)	Buenos Aires	15 VI 55
General de brigada	Comando de la 3ª División	Paraná	17 VI 55
General de brigada	Concurre a presentarse ante el Ministro de Ejército	Buenos Aires	19 VI 55
General de brigada	Adscripto al Comando en Jefe del Ejército	Buenos Aires	21 VI 55
General de brigada	Retiro efectivo voluntario	Buenos Aires	24 I 56

Esposa: Rosa Amelia Matilde Sánchez Aizcorbe
Hijos: León Justo (n. 1943), María Matilde (n. 1944), Carlos Nicanor (n. 1945) y Alberto Manuel (n. 1950)

RESERVADO
ORIGINAL
ESTADO MAYOR GENERAL DEL EJERCITO
ESCUELA DE INFORMACIONES DEL EJERCITO

HOJA ADICIONAL AL INFORME ANUAL DE CALIFICACION

INFORME DE CALIFICACION DEL PROFESOR: Mayor D. LEON JUSTO BENGOA

Desde el 1º de marzo de 1943.
Hasta el 15 de noviembre de 1943.

CATEDRA QUE DICTA: (S.R.- Exp. S. Nº 28/42 Cde. 79) INFORMACIONES MILITARES..
NUMERO DE HORAS SEMANALES: DOS ....
CALIFICACION DE APTITUDES (1): *Posee relevantes condiciones para la enseñanza, por sus amplios conocimientos, capacidad y rendimiento de trabajo, claridad y método en las exposiciones, y su ecuanimidad. De criterio claro, ha obtenido excelentes resultados.*

CLASIFICACION SINTETICA: ... *Sobresaliente* ....

Buenos Aires, 15 de noviembre de 1943.

CARLOS von der BECKE
GENERAL DE BRIGADA
JEFE DEL E. M. G. E.

(1) Condiciones para la enseñanza - Dominio de la materia a su cargo - Dedicación - Orientación - Ilustración general y juicio concreto sobre su actuación.-

De la foja de servicios del general Bengoa.

RESERVADO
ORIGINAL

ESTADO MAYOR GENERAL DEL EJERCITO
ESCUELA DE INFORMACIONES DEL EJERCITO

HOJA ADICIONAL AL INFORME ANUAL DE CALIFICACION

INFORME DE CALIFICACION DEL PROFESOR: Mayor D., LEON JUSTO BENGOA.

Desde el .5. de Febrero..... de 1944.
Hasta el 15. de Noviembre... de 1944.

CATEDRA QUE DICTA: (S.R.- Exp.S.Nº 28/43 Cdo.79) INFORMACIONES .MILITARES

NUMERO DE HORAS SEMANALES: DOS

CALIFICACION DE APTITUDES: (1) Excelente profesor. Posee excelentes condiciones didácticas. Dicató e impartió la enseñanza en forma brillante y con excelentes conocimientos sobre la asignatura a su cargo. Prepara minuciosamente sus clases, las que son fácilmente interpretadas. Logró obtener el máximo rendimiento de sus alumnos. Jefe de clara inteligencia, muy habajador y de dicado criterio. Ecuánime, paciente y muy justo es muy estimado por sus camaradas.

CLASIFICACION SINTETICA: Sobresaliente

Buenos Aires, 15. de Noviembre de 1944.

CARLOS von der BECKE
GENERAL DE DIVISION
JEFE DEL E. M. G. E.

Vº

Calificación del general de división Carlos von der Becke
al mayor Bengoa.
Neuquén, 15 de noviembre de 1944.

FILIPPI, FRANCISCO

Nació en Buenos Aires, el 3 de octubre de 1908
Promoción 53
Caballería
Falleció en actividad el 17 de septiembre de 1948

FOJA DE SERVICIOS
Legajo 4.680

Grado	Destino	Lugar	Fecha
Cadete	Colegio Militar	San Martín	11 VIII 24
Dragoneante	Ascendió	San Martín	4 XII 26
Cabo	Ascendió	San Martín	7 VII 27
Cabo 1°	Ascendió	San Martín	13 XII 27
Subteniente	Ascendió	San Martín	22 XII 27

Egresó del Colegio Militar el 22 de diciembre de 1927.
Orden de mérito: 9 sobre 84.

Subteniente	Escuela de Suboficiales "Sargento Cabral"	Campo de Mayo	22 XII 27
Subteniente	Escuela de Suboficiales - Jefe de Sección	Campo de Mayo	15 XI 28

En Campo de Mayo, el 15 de noviembre de 1928, el teniente coronel Héctor Ladvocat, jefe del cuerpo de aspirantes, lo calificó en estos términos: "Su manera de encarar la instrucción es muy acertada y corroboran esto los resultados alcanzados en la inspección. Durante todo el año ha demostrado siempre un entusiasmo que no ha decaído en ningún momento, conducente a obtener los mejores resultados en la aplicación de los reglamentos. A pesar de ser recién egresado es muy objetivo y práctico en sus enseñanzas, por todo lo cual puédesele augurar más destacada actuación en el arma".

Subteniente	Regimiento 10	Campo de Mayo	18 IX 29
Subteniente	Regimiento 1	Campo de Mayo	5 III 30

El capitán Arturo Saavedra lo calificó el 9 de septiembre de 1930: "Se ha desempeñado en el escuadrón en forma altamente satisfactoria, íntegro en sus procederes, abnegado, de gran valor ante la responsabilidad, considerado y estricto con los subalternos. De excelente moral, me merece el más alto concepto. Sobresaliente".

Subteniente	Regimiento 1 - Oficial del 3er Escuadrón	Buenos Aires	15	XI	30
Teniente	Ascendió	Avellaneda	31	XII	30
Teniente	Ayudante en el Regimiento 1	Avellaneda	10	I	31
Teniente	Regimiento 7	Cuadro Nacional	12	I	32

En enero de 1933, prestando servicios en el Regimiento 7, sufrió una herida cortante en el pie derecho, al borde de la pileta de natación.

Teniente	Dirección de Remonta	Buenos Aires	15	IX	33
Teniente	Colegio Militar	San Martín	8	III	34
Teniente	Colegio Militar	San Martín	15	XI	34

El jefe del cuerpo de cadetes de la Dirección de Remonta, teniente coronel Humberto Sosa Molina, lo calificó el 15 de noviembre de 1934, en estos términos: "Su inteligencia clara, rápida concepción y excelente criterio, lo que unido a sus buenos conocimientos y su aplicación al estudio, lo hacen un destacado oficial, de mucho porvenir en su arma. Jinete arrojado, buen gimnasta, su afección al pie, contraída en acto de servicio, no le impide en nada su desempeño. Sobresaliente". Reiteró el "sobresaliente" el 15 de noviembre de 1935.

Teniente 1º	Ascendió	San Martín	31	XII	34
Teniente 1º	Regimiento 10	Campo de Mayo	29	I	37
Teniente 1º	Escuela Superior de Guerra - Alumno	Buenos Aires	8	III	37

En la Escuela, realizó viajes finales de instrucción en Mendoza, del 16 de noviembre al 10 de diciembre de 1938, y en Corrientes, del 14 de noviembre al 2 de diciembre de 1939.

Con fecha 15 de noviembre de 1939, el teniente coronel Benjamín Rattenbach, jefe del curso de Estado Mayor de la Escuela Superior de Guerra, lo calificó: "Serio, correcto, modesto y respetuoso. Perseverante y contraído. Se destaca por su criterio amplio y prolijidad en los trabajos que se le encomiendan. Muy buena preparación general y profesional. Excelentes perspectivas de progreso. Excelente jinete. Muy buen camarada. Excelente aprovechamiento. Sobresaliente". Reiteró tales conceptos el 10 enero de 1940.

Capitán	Ascendió	Buenos Aires	31	XII	38
Capitán	Escuela Superior de Guerra Incorporado al Curso de Estado Mayor	Buenos Aires	1	II	39
Capitán	Academia del Estado Mayor Oficial de Estado Mayor	Buenos Aires	11	I	40
Capitán	Academia del Estado Mayor Profesor permanente	Buenos Aires	20	I	40

El 15 de noviembre de 1940, el general de brigada Pedro P. Ramírez, director de la Academia, expresó en la foja de servicios: "De inteligencia clara, criterio maduro y acertado y de una excelente preparación profesional y general. Estudioso, activo y trabajador. Posee excelentes aptitudes para el profesorado. De fácil y elegante palabra. Dictó su materia con entusiasmo y mucho provecho. Sobresaliente". Mantuvo la calificación con fecha 10 de enero de 1941.

Capitán	Auxiliar en la División Operaciones del Regimiento 1	Campo de Mayo	15	I	41
Capitán	Jefe en la División Operaciones del Regimiento 1	Campo de Mayo	26	V	41
Capitán	Regimiento 8 - Jefe de Escuadrón	Ciudadela	10	I	42
Capitán	Secretaría del Ministerio de Guerra - Oficial de Estado Mayor	Buenos Aires	5	XII	42
Capitán	Secretario Privado del Presidente de la Nación, con carácter "ad honoren"	Buenos Aires	25	VI	43

Con fecha 15 de noviembre de 1943, el Presidente de la Nación, general Pedro P. Ramírez, suscribió el siguiente juicio: "En sus funciones de Secretario Privado del suscrito, el Sr. Capitán Filippi ha confirmado plenamente sus condiciones de elevada cultura general, clara inteligencia, laboriosidad infatigable, aun a costa de sacrificios personales. De insospechable discreción y lealtad y dotado de un fino sentido de la responsabilidad, su gestión se ha caracterizado por el dinamismo impreso a su gestión ardua y pesada, lo cual no ha sido óbice para que también se dedicara a colaborar con el Sr. Secretario de la Presidencia en problemas de los más diversos aspectos, con la capacidad que todos le reconocen. Sobresaliente". Esa calificación fue ratificada el 23 de febrero de 1944.

Mayor	Ascendió	Buenos Aires	31	XII	43
Mayor	Distrito Militar 26	Buenos Aires	13	III	43
Mayor	Comando de Defensa Antiaérea Interior - Jefe de la 4ª División, Operaciones	Buenos Aires	3	VIII	44
Mayor	Comando de Defensa Activa Jefe de la 1ª División	Buenos Aires	27	XI	45

Realizó comisiones de reconocimiento a Comodoro Rivadavia, del 16 de marzo al 1º de abril de 1945 y del 14 al 20 de marzo de 1946; a Mendoza, del 21 de abril al 5 de mayo de 1945 y del 15 al 21 de enero de 1946; y a Plaza Huincul (Neuquén), del 22 de abril al 2 de mayo de 1946.
El comandante de la Defensa Antiaérea del Interior, el general de brigada Ernesto Florit lo calificó "sobresaliente" en octubre de 1946.

Mayor	A disponibilidad	Buenos Aires	8	I	47
Mayor	Comando de Defensa Antiaérea del Interior - Jefe de la 1ª División - Defensa Antiaérea Activa	Buenos Aires	29	III	47
Mayor	Comando de Defensa Antiaérea Pasiva - Jefe de la 2ª División	Buenos Aires	23	XII	47

El 18 de enero de 1947, elevó un reclamo al Ministro de Guerra, con referencia a la declaración de "inepto para las funciones de su grado" con la calificación de "bueno" votada por el Tribunal de Calificaciones en diciembre del año anterior, por diez votos (los de los generales Sanguinetti, Dávila, Majó, Perlinger, Anaya, Vago, Martini y de los coroneles Tauber, Magallanes y Lucero) contra ocho (de los generales Savio, Kelso, González, Solari, Rodrigo, Abadie Acuña, Sáenz y Raggio). Esa calificación implicaba que el recurrente debía pasar obligatoriamente a retiro.

El fundamento de la calificación fue motivada: "Por la actuación que le cupo en los acontecimientos ocurridos en el Círculo Militar en octubre de 1945. En dicha oportunidad fue pública y notoria su actitud de franca y ostensible crítica y oposición a las autoridades constituidas, faltando por esta causa a los más elementales principios de la ética profesional".

En su descargo, Filippi desmintió que su actitud hubiese sido "pública y notoria", pasando a argumentar: "No cabe duda que en largas horas de permanencia en el local del Círculo Militar y tratándose de un acontecimiento de esa naturaleza, he expresado mis opiniones del momento y, a mi vez, he escuchado las que tenían muchos de mis camaradas, pero siempre lo hice en círculo privado, en reunión de camaradas y aparte de las que pudieran llamarse deliberaciones de carácter general o público. En ese sentido, expreso que en ningún momento solicité la palabra para dar a conocer mi opinión públicamente, ni expresé de análoga manera proposiciones que involucrasen propósitos de venganza o que indujesen a delitos que afectasen mi honor ni el de nadie. La veracidad de estas afirmaciones pueden ser verificadas con relativa facilidad en la forma que solicitaré en lugar oportuno del presente reclamo.

"Tiene, por otra parte, esta presentación una confirmación inicial en la circunstancia de que algunos camaradas que se destacaron por su actividad en la reunión, fueron de inmediato objeto de sanciones disciplinarias impuestas por el Ministro de Guerra, lo cual no ocurrió con respecto a mí, señalando así en forma evidente, que mi actuación no fue pública y notoria. Y, al respecto, debo señalar como un interesante elemento de juicio, la circunstancia de que mi actuación, que en esos momentos no se consideró tan destacada, como para castigarme, es un año más tarde suficientemente delictiva como para separarme de las filas, y, en cambio la actuación de algún otro camarada a quien en esa oportunidad el Ministro de Guerra consideró pasible de una sanción disciplinaria y que hoy ha ascendido al grado inmediato superior.

"Y con respecto a las opiniones que referentes al aspecto exclusivamente político del acontecimiento, haya vertido, estimo que no puede prescindirse de considerar la situación de excepción —desde el punto de vista espiritual— en que yo me encontraba con respecto a los restantes camaradas, en virtud de compromisos de honor y vinculaciones afectivas que el señor Ministro conoce y al desarrollo de acontecimientos que pudieron herirme espiritualmente, pero, que, vuelvo a afirmarlo, no han logrado perturbar mi sentido del honor ni de la lealtad a la palabra empeñada, ni el concepto básico que ha regido todas las actividades de una vida honesta de trabajo, de que el bien de la Patria está por encima de todas las consideraciones y compromisos familiares, afectivos o ideológicos".

Por resolución firmada el 11 de febrero de 1947, presidido por el general Diego I. Mason, el Tribunal Superior de Calificaciones, resolvió por unanimidad modificar la calificación de Filippi por la de "apto para las funciones de su grado", con la calificación de "muy bueno", ubicándolo en el último orden de mérito de los así calificados.

Teniente coronel	Ascendió	Buenos Aires	31 XII 47
Teniente coronel	Baja al Hospital Militar Central	Buenos Aires	26 VI 48
Teniente coronel	Alta del Hospital Militar Central	Buenos Aires	19 VIII 48
Teniente coronel	Baja por fallecimiento	Buenos Aires	17 IX 48

Esposa: Elsa Lucía Ramírez
Hijos: Rosa Inés (n. 1941), Elsa Lucía (n. 1942), Elisa Isabel (n. 1943), María Teresa (n. 1944), Francisco (n. 1947), Pedro (n. 1948)

De la foja del capitán Filippi, al momento de prestar funciones como secretario privado del presidente Ramírez.

Calificación del presidente Ramírez al capitán Filippi,
su secretario privado.

MONTES, JUAN CARLOS

Nació en Salto Argentino, (Buenos Aires), el 12 de julio de 1894
Promoción 38
Infantería
Falleció el 20 de mayo de 1954

FOJA DE SERVICIOS
Legajo 8.343

Grado	Destino	Lugar	Fecha
Cadete	Colegio Militar	San Martín	1 III 11
Subteniente	Ascendió	San Martín	13 XII 13

Egresó del Colegio Militar el 13 de diciembre de 1913.
Orden de mérito: 81 sobre 121.

Subteniente	Regimiento 8	Zárate	13 XII 13
Subteniente	Regimiento 13	Córdoba	11 VII 14

Entre octubre de 1914 y octubre de 1915, recibió dos apercibimientos y dos arrestos de 48 horas; en enero y marzo de 1916 sendos apercibimientos, y el 21 de octubre de 1916, otro arresto de un día por "contestar en forma poco correcta a un capitán"; en abril de 1917 recibió apercibimiento, y el 22 de noviembre, arresto.

El mayor Félix M. Toledo, su superior, lo calificó el 31 de julio de 1916, en estos términos: "Este oficial desempeña las funciones de ayudante del batallón. Es cumplidor, tiene iniciativa personal, es inteligente. Requiere más prolijidad y método para trabajar. Es un excelente jinete, muy arrojado. Muy buen compañero, subordinado y leal. Muy buen concepto. En las maniobras se desempeñó muy bien y demostró mucha resistencia".

Teniente	Ascendió	Córdoba	31 XII 15
Teniente	Huelga ferroviaria	Cruz del Eje	14 III 18
Teniente	Intervención Nacional	Catamarca	12 V 18
Teniente	Regimiento 13	Córdoba	28 II 19

El 12 de abril 1919 sufrió un nuevo arresto disciplinario.

En la calificación sostenida el 15 de diciembre de 1919, como profesor en la Escuela de Suboficiales del Regimiento 13, la superioridad expresó: "Este profesor tiene método para dictar las clases y es capaz para desempeñarse, pero, aun cuando ha desarrollado el programa, necesita ser vigilado, porque a menudo encuentra inconvenientes para dictar sus clases".

Teniente	Huelga ferroviaria	Cruz del Eje	6	III	20

En mayo de 1920 sufrió suspensión de mando y arresto de 30 días por "abandono de servicio; no reprimir faltas de la tropa del destacamento a sus órdenes, ni dar cuenta de ellas a sus superiores y no mantener en esa fuerza la debida disciplina". El mismo mes, recibió un apercibimiento por "utilizar la sala de esgrima del Regimiento 4 como cancha de pelota". El 15 de noviembre del mismo año se le impuso un nuevo arresto.

El 12 de noviembre de 1920 el Consejo de Guerra para Jefes y Oficiales le impuso un mes de arresto "por la falta de abuso de autoridad y uso impropio de los locales militares". Asimismo, fue acusado de maltratar al cabo Ángel Velázquez. El cúmplase fue dispuesto por el presidente Yrigoyen por decreto del 18 de noviembre de 1920.

Teniente 1º	Regimiento 13	Córdoba	31	XII	20
Teniente 1º	Regimiento 20	Jujuy	24	II	21

Entre julio y noviembre de 1921 sufrió un apercibimiento y cinco arrestos (por 1, 2, 8, 2 y 5 días). De allí que su superior expresara que en Jujuy, prestando servicios en el Regimiento 20: "Ha desempeñado las funciones de comandante de campaña, pero, debido a sus licencias, partes de enfermo y arrestos, su colaboración ha sido poco eficaz para la unidad".

En enero de 1922 sufrió 48 horas de arresto por "no regularizar a su debido tiempo una situación como enrolado".

El teniente coronel Juan Aranda, el 11 de enero de 1922, le impuso "15 días de arresto en su alojamiento, por concurrir a un prostíbulo de uniforme". En la nota de elevación de la prevención sumaria, con fecha 24 de febrero de 1922, expresaba el teniente coronel Carlos Peralta Sánchez, jefe del Regimiento 20, en Jujuy: "Este oficial es amigo de formar circulillos con sus subalternos, aconsejándolos mal y concediéndoles extrema confianza. El señor jefe de Regimiento anterior Aranda así también lo ha calificado y con entera justicia. (...) Siendo un oficial casado y con familia, en esta ciudad se dedicó a relacionarse con jóvenes alegres, concurriendo a los prostíbulos y adquiriendo enfermedades venéreas, como consta (...)."

El coronel Alfredo Córdoba, comandante accidental de la división, desde Santiago del Estero, con fecha 28 de febrero, señalaba que el teniente 1° Juan Carlos Montes y el teniente Juan C. Gutiérrez, resultaban "elementos perjudiciales a la disciplina", solicitando "no sólo el pase de la unidad, sino que sea a inactividad (...) para que sientan los efectos de su inconducta, pues no es posible permitir que estos señores den origen a que la prensa del país se ocupe de una manera tan desagradable de las unidades de la división". La nota hacía mención de notas publicada en *El Diario,* de Buenos Aires, *La Gaceta,* de Tucumán, "y alguno de Jujuy".

Teniente 1°	Distrito Militar 26	Trelew	21 III 22

Con fecha 28 de noviembre de 1922 figura una denuncia desestimada "por carecer de fundamento" del jefe de la Gendarmería del Chubut, teniente 1° retirado Francisco Domínguez, contra el teniente 1° Montes, jefe accidental del Distrito Militar 26.

Teniente 1°	Regimiento 3	Capital Federal	11 I 23
Teniente 1°	Regimiento 13	Córdoba	21 II 23

Durante el año 1923 sufrió dos arrestos por 4 días en julio de 1923, y por un día, el 17 de diciembre.

Teniente 1°	Escuela Superior de Guerra - Curso especial abreviado	Capital Federal	15 IV 24
Teniente 1°	Regimiento 13	Córdoba	26 VIII 24

El 15 de noviembre de 1925, en Córdoba, el jefe del Regimiento 13, apuntaba en la calificación: "Dado su espíritu chacotón, suele perder la circunspección que cuadra a su jerarquía".

Capitán	Ascendió	Córdoba	31 XII 25

En febrero de 1926 sufrió arresto de un día, y apercibimientos en junio y agosto del mismo año.
En agosto de 1927 se le impuso arresto de un día y observación, y en noviembre, un apercibimiento.
El 5 de octubre de 1927, el general Francisco Medina, comandante de la División con asiento en Córdoba, lo calificó en términos favorables: "El capitán Montes ha prestado importantes servicios en este Comando, duran-

te el enrolamiento general, lo que no ha obstaculizado su excelente desempeño en la compañía".

En noviembre de 1927 sufrió arresto de un día y, en marzo de 1928, un apercibimiento.

Capitán	Comandante de la Compañía de Aspirantes a Oficiales de Reserva	Unquillo	2	I	28
Capitán	1er comandante del Regimiento 13	Córdoba	18	IV	28

Nuevamente el general Medina, con fecha 15 de noviembre de 1928, lo calificó positivamente: "Es franco, resuelto y veraz. Muy buen jinete. Sobresale en deportes hípicos, aunque éstos lo absorben demasiado. Gobierna con tino la compañía, pero no tiene por la función el debido celo: la delega. Conoce y aplica con acertado criterio los reglamentos. Comanda con tino y acierto la compañía de aspirantes a oficial de reserva. Muy buen camarada".

De diciembre de 1928 a octubre de 1929 fue cuatro veces apercibido y sufrió, en agosto del 29, dos días de arresto.

El 20 de diciembre de 1929, el teniente coronel Ernesto Baldassarre, jefe del Regimiento 13, lo calificó: "Arrojado, buen jinete y buen camarada. Algo nervioso, pero de fondo noble y caballeresco. Como ayudante se ha desempeñado a mi satisfacción".

Capitán	Comisión como delegado municipal (64 días)	Villa María	7	IX	30
Capitán	En comisión ante el Presidente de la Nación (2 días)	Capital Federal	16	IV	31
Capitán	En comisión de condenación de presos (3 días)	Capital Federal	11	VII	31
Capitán	En comisión en el Comando de la 4ª División (125 días)	Córdoba	22	VII	31
Capitán	Comando de la 4ª División	Córdoba	25	XI	31

En octubre de 1932 recibió arresto por un día. De marzo a mayo de 1933 recibió cinco arrestos por 32 días en total (dos por un día, dos por cinco y uno por 20 días).

| Mayor | Ascendió | Córdoba | 31 XII 32 |
| Mayor | Jefe del Distrito Militar 61 | Santiago del Estero | 24 I 33 |

El teniente 1° Mariano Lynch Pueyrredón, camarada en el Regimiento 18, lo denunció por hablarle "de la situación política del país, de probabilidades de otro movimiento subversivo; del ambiente que éste tendría en el Ejército, especialmente en la Unidad a que pertenece, como en la población de Santiago del Estero, y qué actitud sería la suya en la compañía a su mando, si algo acontecía". El acusado resultó sobreseído provisionalmente el 17 de mayo de 1933.

| Mayor | Jefe del Distrito Militar 66 | Viedma | 25 V 33 |

En diciembre de 1934 sufrió apercibimiento y en julio de 1935, arresto por cinco días.

| Mayor | Jefe del Distrito Militar 23 | Tandil | 5 IX 35 |

El inspector de distritos militares, coronel José María Ruda, el 15 de noviembre de 1935, en Campo de Mayo, lo calificó: "Inteligente, de espíritu vivaz y concepción rápida. Su educación civil es esmerada. De prestancia exterior simpática y atrayente. Como jefe de distrito se ha desempeñado muy bien. Conoce y aplica los reglamentos con criterio y tino".
En abril de 1936 sufrió dos veces arresto por 5 días.

| Mayor | Regimiento 16 - 2° Jefe | Mendoza | 14 VII 36 |

El 14 de julio de 1936, su superior inmediato, el general de brigada Juan Pistarini, escribió: "Ha desempeñado correctamente su cargo".
El 2 de octubre de 1936, el comandante del Destacamento de Montaña Cuyo, coronel Edelmiro J. Farrell, lo calificó: "Instructor metódico, activo y muy preocupado en adaptarse a la especialidad de montaña. Dirige la instrucción con particular entusiasmo y muy buenos conocimientos. Conduce su unidad con criterio claro y con acierto, revelando muy buenas condiciones".
El mismo Farrell, el 19 de octubre de 1937, escribió: "Conduce su unidad en forma excelente. Ha cooperado en la instrucción de oficiales en forma muy eficiente".

El 12 de marzo de 1937 se declaró prescrita la acción penal que pudiera surgir de un sumario instruido contra Montes, "inculpado de delito que afecta la disciplina".
De octubre a diciembre de 1937 realizó ejercicios finales en la precordillera y en la cordillera, en ambos casos en la provincia de Mendoza.

Teniente coronel	Ascendió	Mendoza	31 XII 37	
Teniente coronel	Dirección General del Personal	Buenos Aires	24 I 38	
Teniente coronel	Dirección General del Personal - Jefe accidental de la Sección Movilización	Buenos Aires	14 II 38	
Teniente coronel	Auxiliar del Inspector de Tropas de Montaña	Buenos Aires	28 IV 38	

Farrell, con fecha 15 de noviembre de 1938, lo calificó en estos términos: "Muy buena inteligencia y preparación; concepción rápida; gran voluntad para el trabajo y excelente rendimiento; conocimientos muy claros sobre tropas de montaña; coopera con mucha eficiencia. Muy franco, respetuoso y culto. Gran espíritu de montaña. Sobresaliente". En términos semejantes, el 15 noviembre de 1939 y el 8 de enero de 1940.

Teniente coronel	Centro de Instrucción de Montaña - Jefe de la Sección Experiencias, Organización y Reglamentos - Creación del Centro de Instrucción de Montaña	Mendoza	7 XII 38	
Teniente coronel	Jefe del Regimiento 16 de Infantería de Montaña Reforzado	Mendoza	9 I 40	

En diciembre de 1940 se le impusieron 3 días de arresto.
El 15 de noviembre de 1941, el comandante del Destacamento de Montaña Cuyo, coronel José Humberto Sosa Molina, anotó en la foja de calificación: "Jefe que se ha mostrado decidido y resuelto pero poco reflexivo. Tiene buenas condiciones para la vida de campaña y ha revelado interés por la especialidad. De conocimientos profesionales buenos, posee criterio natural que le permite desenvolverse discretamente en sus funciones como jefe de regimiento. Tiene buenas condiciones para el mando y administración

de la unidad". Sosa Molina mantuvo la calificación con fecha 19 de febrero de 1942.

Desde 1939 a 1942 realizó ejercicios finales en la Cordillera, abarcando sucesivamente: Punta de Vacas (octubre de 1939), Río Tupungato (marzo de 1941), Uspallata (mayo de 1941), Las Cuevas (julio de 1941) y Lago Diamante (enero de 1942).

Teniente coronel	Comando de la 5ª Región Militar	Tucumán	20 II 42
Teniente coronel	Inspección de Tropas de Montaña	Buenos Aires	12 III 42

El 15 de noviembre de 1942, el general de brigada Farrell lo calificó: "Muy franco y leal. Excelentes conocimientos y aptitudes de montaña".

Coronel	Ascendió (con retroactividad)	Buenos Aires	31 XII 42
Coronel	Inspector de Tropas de Montaña	Buenos Aires	12 VIII 43

Nuevamente calificado por el general Farrell, el 6 de junio de 1943: "Trabajador, muy buena inteligencia y concepto práctico. Estudia e interpreta muy bien su misión. Coopera con entusiasmo. Camarada excelente".
El 15 de noviembre de 1943, fue calificado por el general de división Jorge A. Giovaneli, director general de instrucción del Ejército: "En el breve tiempo que lleva como instructor de tropas de montaña, este oficial superior ha cumplido con eficiencia las funciones de su cargo, demostrando conocer muy bien su especialidad". La calificación fue ratificada el 30 de diciembre del mismo año.

Coronel	Juez ad hoc de Instrucción Militar	Buenos Aires	29 XI 43

En abril de 1944, realizó una gira de inspección a las unidades del sur: Covunco, Junín de los Andes, San Carlos de Bariloche y Esquel.
El 14 de julio de 1944, el general de brigada Juan Carlos Sanguinetti, director general de instrucción del Ejército, escribió en la foja de calificaciones: "Oficial superior compenetrado de la instrucción de tropas de montaña, de que es inspector; inteligente, de muy buen juicio y acertado sentido crítico, ha orientado eficientemente la instrucción de la especialidad. Es activo, correcto y dinámico. Ha sido un eficiente colaborador. Sobresaliente".

Calificado el 15 de noviembre de 1944 por el general de división Carlos von der Becke, comandante en jefe del Ejército, quedó dicho lo siguiente: "Se desempeña en forma muy satisfactoria como inspector de tropas de montaña. Reúne muy buenas aptitudes". En términos semejantes, con fechas 15 de enero y 4 de mayo de 1945.

El 15 de octubre y 11 de diciembre de 1946, el general Laureano Orencio Anaya, Cuartel Maestre General del Interior lo calificó: "Excelente".

Coronel	Dirección General de Administración - Inspector Administrador	Buenos Aires	5 V 45

El Tribunal de Calificaciones correspondiente al año 1946 lo declaró "inepto para las funciones de su grado" y lo calificó "bueno". Las de los años 44 y 45 lo habían declarado "apto para continuar en su grado". La determinación se fundaba: "En la larga foja de sanciones disciplinarias de que ha sido objeto el causante, que demuestran, una manifiesta tendencia a llenar las necesidades mínimas del servicio. Falta a la ética profesional, correlativas al mando y al régimen de servicio juzgadas por distintas autoridades y en los más diversos destinos, denotan en este oficial superior la ausencia total de las condiciones más esenciales imprescindibles para alcanzar el grado de general de la Nación. Entre sus fallas más notables, se apuntan: abandono de servicio, abuso de autoridad y 50 días de partes de enfermo en el grado de teniente; 9 sanciones disciplinarias y 10 partes de enfermo (enfermedad venérea). (...) 16 castigos y 15 partes de enfermo como capitán; 10 castigos y 48 días de partes de enfermo como mayor; sanción del Inspector General del Ejército, en el grado de teniente coronel, por dar cuenta precipitadamente de acontecimientos graves y acusar a su superior sin asegurarse de la veracidad de la denuncia; empeñar su palabra de honor de no dar cuenta de hechos que afectan la disciplina; y demorar un mes en dar cuenta de manifestaciones contrarias a la disciplina atribuidas a un superior. Finalmente, ya en el grado de coronel, demostró no saber valorar los alcances de la propia ponderación, no tomando determinación alguna frente a la circunstancia de haberse nombrado con fecha 4 de septiembre de 1946, un director general de su misma jerarquía pero más moderno, en su propia repartición".

Coronel	A retiro	Buenos Aires	14 IV 47

En el pedido de retiro, ante el desestimiento del recurso presentado, se dejó constancia, con fecha 28 de julio de 1947, que: "De no haberlo solicitado voluntariamente, al causante le hubiera correspondido el retiro obligatorio, por imperio de lo prescrito en el artículo 189, inciso 1 de la ley orgánica del Ejército y número 16 de su reglamentación, V. parte, retiros".

Esposa: Ana Zulema Silva
Hija: Zulema Isabel (n. 1920)

EJÉRCITO NACIONAL
6ª DIVISION DE EJERCITO
R. 20

08343

Jujuy, 24 de Febrero de 1922.

Señor Comandante de la 5a. División de Ejercito.
TUCUMAN.-

Letra Rs.
N° 156.

Objeto:

Solicitar la separación de un Oficial.

Elevo a V.S. el legajo personal del Teniente 1° D.Juan C.Montes, un legajo de notas y expedientes que el mismo ha motivado durante el año 1921 y el corriente, y una Prevención Sumaria que se le ha instruido por concurrir a los prostíbulos de Uniforme, leccionarse un brazo y otras faltas graves que no se han podido probar; para que V.S. los examine, si asi lo desea, por cuanto el suscrito pide su separacion del Regimiento, por mala conducta, ser un Oficial pernicioso para la disciplina de la Unidad.

Este Oficial es amigo de formar circulillos con sus subalternos, aconsejandolos mal y concediendoles extrema confianza. El Señor Jefe de Regimiento anterior asi tambien lo ha clasificado y con entera justicia.

En la simple lectura de las fojas N° 35 al 38, 44, y 48 al 67 de su legajo personal, es facil saber que clase de Oficial es el Teniente 1° D.Juan C.Montes.

Siendo un Oficial casado y con familia, en esta ciudad se dedicó a relacionarse con jovenes alegres, concurriendo a los prostíbulos y adquiriendo enfermedades venereas, como consta en las fojas 50 al 53 del legajo personal citado.

Documentos agregados:

1 legajo personal de 67 fojas.
1 legajo de notas de 9 fojas.
1 Prevencion sumaria de 17 fojas.

En el legajo de notas y expedientes que se adjuntan, V.S. podrá observar el trabajo que este Oficial ha dado al Jefe anterior debiendo dedicarle una gran cantidad de tiempo a contestarle sus recursos, comunicarle castigos, etc.

Dios guarde a V.S.

Teniente Coronel-Jefe.-

Del legajo del teniente 1° Montes.

Lagos, Julio Alberto

Nació en Buenos Aires, el 24 de febrero de 1901
Promoción 45
Ingenieros
Falleció el 11 de octubre de 1975

Foja de servicios
Legajo 15.624

Grado	Destino	Lugar	Fecha		
Cadete	Colegio Militar	San Martín	1	III	16
Cabo	Ascendió	San Martín	27	XII	19
Cabo 1º	Ascendió	San Martín	21	V	20
Sargento	Ascendió	San Martín	11	X	20

Egresó del Colegio Militar el 16 de diciembre de 1920.
Orden de mérito: 12 sobre 66.

Subteniente	Ascendió	San Martín	16	XII	20
Subteniente	Batallón de Zapadores Pontoneros	Campo de Mayo	27	XII	20
Subteniente	Escuela de Suboficiales	Campo de Mayo	26	II	21
Subteniente	Escuela de Suboficiales Jefe de Sección en la Compañía de Ingenieros	Campo de Mayo	31	X	21

El 15 de noviembre de 1921, el director del batallón de zapadores pontoneros, teniente coronel Justiniano de la Zerda, lo calificó: "Joven oficial recientemente egresado del Colegio Militar ha obtenido muy buenos resultados en las tareas que se le han encomendado, revelándose como un instructor de muy buenas cualidades. Es serio, correcto, trabajador, de buen criterio y excelente camarada. Muy bueno".

Subteniente	1ᵉʳ año del Curso Superior del Colegio Militar	San Martín	1	III	22

En noviembre de 1922, el teniente 1° Julio C. Checchi, formula el siguiente juicio: "Serio, correcto. Su preparación anterior no es sólida. Poco entusiasta en el estudio. Su resultado satisface poco. Bueno".

Subteniente	Dirección de Tropas y Servicios de Comunicaciones	El Palomar	11	I	23
Teniente	Ascendió	El Palomar	31	XII	23
Teniente	Tropas de Transmisiones	El Palomar	5	I	24
Teniente	Escuela de Tropas y Comunicaciones	El Palomar	19	I	25
Teniente	Colegio Militar	San Martín	20	I	26
Teniente	Colegio Militar - Jefe de Sección en la Compañía de Zapadores Pontoneros	San Martín	15	XI	26
Teniente 1°	Ascendió	San Martín	31	XII	27
Teniente 1°	Colegio Militar - Jefe de Sección en la Compañía de Ingenieros	San Martín	15	XI	28
Teniente 1°	Comisión de Adquisiciones en el Extranjero	París (Francia)	22	X	30
Capitán	Ascendió	Buenos Aires	31	XII	31
Capitán	Escuela Superior de Guerra - Alumno	El Palomar	5	III	32
Capitán	Escuela de Comunicaciones - Jefe del 2° Batallón de Comunicaciones	Buenos Aires	15	XI	32
Capitán	Escuela Superior de Guerra - Alumno	Buenos Aires	14	I	33

El 15 de noviembre de 1933, el subdirector de la Escuela, teniente coronel Enrique Rottjer, lo calificó "muy bueno", fundamentando: "Distinguido oficial, escrupuloso en el desempeño de sus tareas, que se empeña en satisfacer en mayor grado posible. Muy correcto en su porte militar y en sus modales. Muy educado y culto. Subordinado. Discreto. Resistente a las fatigas. Jinete. Hábil esgrimista". El jefe del Estado Mayor General del Ejército, general Ramón Molina, escribió: "Hago mío el juicio del Director de la Escuela"

Al año siguiente, Rottjer reiteró su alta calificación: "Serio, circunspecto, empeñoso, discreto, inteligente, de esmerada educación. De muy buenos conocimientos que aplica con muy buen criterio. Metódico y reflexivo en sus conclusiones, independiente y firme en sus juicios. Se destaca en el curso II de esta Escuela Superior por sus altas calidades militares y de alumno".

En 1935, nuevamente lo calificó Rottjer: "Distinguido oficial que cursa con éxito los estudios del curso III de esta Escuela Superior, acreditando muy satisfactorias condiciones como alumno y destacadas aptitudes militares. Serio y circunspecto, activo y dinámico, muy estudioso y laborioso, discreto y caballero, de educación esmerada y de correctos procederes".

Capitán	Estado Mayor General del Ejército - Oficial de Estado Mayor	Buenos Aires	30 XII 35
Mayor	Ascendió	Buenos Aires	31 XII 35
Mayor	Escuela Superior de Guerra - Profesor permanente de Comunicaciones	Buenos Aires	13 III 36
Mayor	Subdirector de la Escuela de Comunicaciones	Campo de Mayo	22 IX 36
Mayor	Escuela Superior de Guerra - Profesor	Buenos Aires	28 XII 38

Con fecha 15 de noviembre de 1938, el director de la Escuela, coronel Carlos von der Becke, expresó: "Nuevamente en este tercer año de su profesorado ha demostrado un conjunto de excelentes condiciones: amplio dominio de la materia a su cargo, criterio práctico, gran dedicación y entusiasmo, claridad y precisión en sus exposiciones, muestra corrección, tacto y educación. Excelente camarada".

Mayor	Profesor de Comunicaciones del 1° y 2° cursos de Estado Mayor, y de Fortificación de Campaña del 2° curso	Buenos Aires	16 V 39
Mayor	Nombrado sin prejuicio de sus otras funciones para integrar la Comisión del Puente Internacional	Buenos Aires	22 VII 39

Mayor	Designado para integrar las misiones militares que, en representación del Ejército y la Armada, asistieron a la celebración de la Independencia del Brasil		22 VIII 39
Mayor	Regresó	Buenos Aires	27 IX 39
Mayor	Estado Mayor General del Ejército como Oficial de Estado Mayor	Buenos Aires	11 I 40
Mayor	Curso "B" de Jefes de Ingenieros	Buenos Aires	31 VIII 40

El 15 de noviembre de 1940, el general Rodolfo Márquez, jefe del Estado Mayor General del Ejército expresaba: "Distinguido oficial de Estado Mayor. Como jefe de la división Informaciones se ha desempeñado inteligentemente, demostrando poseer un claro criterio, circunspección, tacto y condiciones de caballero. De amplia cultura general y profesional, merece el más elevado concepto".

Teniente coronel	Ascendió	Buenos Aires	31 XII 40
Teniente coronel	Estado Mayor General del Ejército - Profesor de "Empleo táctico de ingenieros - Táctica de comunicaciones", del Curso de Jefes	Buenos Aires	1 III 41
Teniente coronel	Delegado del Estado Mayor General del Ejército ante el Instituto Cinematográfico Argentino, con anterioridad al 20-I-41	Buenos Aires	30 IX 41
Teniente coronel	Estado Mayor General del Ejército - Jefe de la 2ª División	Buenos Aires	15 XI 41
Teniente coronel	Inspección de Comunicaciones como Oficial de Estado Mayor	Buenos Aires	5 I 42

Teniente coronel	Delegado del Ministerio de Comunicaciones ante la Comisión de Tierras Fiscales de Frontera	Buenos Aires	2 VI 42	
Teniente coronel	Jefe integrante de la Comisión Reorganizadora "Red Radiotelegráfica Red Fija"	Buenos Aires	10 IX 42	
Teniente coronel	Jefe del Curso Especial de Comunicaciones	Campo de Mayo	1 X 42	
Teniente coronel	Inspección de Comunicaciones - Jefe de la 1ª Sección	Campo de Mayo	15 XI 42	
Teniente coronel	Estado Mayor General del Ejército como Oficial de Estado Mayor	Campo de Mayo	18 IX 43	
Teniente coronel	Estado Mayor General del Ejército - Jefe de la 2ª División	Campo de Mayo	18 IX 43	
Teniente coronel	Integrante de la comitiva que acompañó al Presidente de la Nación	Concordia	29 IX 43	
Teniente coronel	Regresó	Buenos Aires	2 X 43	
Teniente coronel	Miembro de la comisión nombrada por el Ministerio de Agricultura a efectos de estudiar la reglamentación sobre la manera de acordar tierras fiscales ubicadas en zonas marítimas	Buenos Aires	2 X 43	
Teniente coronel	Estado Mayor General del Ejército - Jefe de la 2ª División	Buenos Aires	15 XI 43	
Teniente coronel	En comisión en el Ministerio del Interior, sin perjuicio de sus funciones	Buenos Aires	29 XII 43	
Teniente coronel	Director General de Correos y Telégrafos	Buenos Aires	25 II 44	

Teniente coronel	Director General de Correos y Telecomunicaciones, con anterioridad al 1-VII-44	Buenos Aires	4 VII 44
Teniente coronel	Se aceptó su renuncia del cargo de Director General de Correos y Telecomunicaciones	Buenos Aires	13 VII 44
Teniente coronel	Estado Mayor General del Ejército como Oficial de Estado Mayor	Buenos Aires	22 VII 44
Teniente coronel	Integrante de la Comisión para la Vigilancia Antiaérea Territorial	Buenos Aires	31 VII 44
Teniente coronel	Agregado Militar a la Embajada de la República en Chile	Santiago de Chile	22 VIII 44

El 15 de noviembre de 1944, el general de división Carlos von der Becke, jefe del Estado Mayor General del Ejército, lo calificó en estos términos: "De destacadas condiciones intelectuales, de amplia preparación profesional y general, de mucho espíritu y rendimiento de trabajo, metódico, reflexivo, muy correcto en sus procederes. Personalidad definida. Se desempeña con mucha eficiencia. Jefe de porvenir".

Coronel	Ascendió	Santiago de Chile	31 XII 44
Coronel	Se da por terminada su misión en Chile	Santiago de Chile	9 XI 45

El 15 de octubre de 1945, el general Diego Isidro Mason, jefe del Estado Mayor General del Ejército, expresó: "Oficial superior de destacadas condiciones intelectuales y sólida cultura general y profesional. De muy claro criterio, alta capacidad de análisis y rápida concepción. De mucha integridad de carácter y elevado sentimiento del deber. Se desempeña como agregado militar con mucho acierto y eficiencia, siendo discreto y muy correcto en sus procederes. Es un jefe de porvenir. Sobresaliente".

En la misma fecha, el general de división Carlos von der Becke, comandante en jefe del Ejército, ratificó el alto concepto: "Oficial superior de relevantes condiciones que lo califican para ocupar los alto puestos del Ejército".

Coronel	Inspector de Comunicaciones	Buenos Aires	10 XI 45
Coronel	Auxiliar no permanente en el Centro de Altos Estudios	Buenos Aires	11 I 46
Coronel	Ayudante del Embajador Extraordinario de Chile para la transmisión del mando presidencial	Mendoza	26 V 46
Coronel	Director del Curso Informativo para Jefes del Arma de Ingenieros	Campo de Mayo	5 XII 46
Coronel	Jefe de la Plana Mayor del Comando General del Interior	Buenos Aires	6 XII 46

Durante el año 1946 realizó giras de inspección para el arma de comunicaciones, en la Escuela de Comunicaciones, en Campo de Mayo (marzo, mayo y julio), en los batallones de Neuquén (abril), a la Escuela de Comunicaciones de Tandil (abril), en el Colegio Militar en El Palomar (julio), en batallones de Entre Ríos (agosto), Corrientes, Córdoba y Tucumán (septiembre). Asimismo, participó en los ejercicios finales de la Agrupación Mesopotamia, en Entre Ríos (octubre).

El 15 noviembre y el 5 de diciembre de 1946, el Inspector General de Instrucción del Ejército, general de división Juan Carlos Sanguinetti, lo calificó con "Sobresaliente".

Coronel	2° Comandante de la Agrupación Patagonia	Comodoro Rivadavia	31 I 48
General de brigada	Ascendió	Comodoro Rivadavia	31 XII 48
General de brigada	Comandante de la Agrupación Patagonia y Gobernador Militar de Comodoro Rivadavia	Comodoro Rivadavia	5 I 49

El 15 de octubre de 1949, el general de división Humberto Sosa Molina, ministro de Defensa Nacional e interino de Ejército, lo calificó: "General de descollantes aptitudes. De sólida preparación profesional y amplia cultura general. De criterio claro, de grandes y fructíferas iniciativas, amor a la responsabilidad y capacidad de resolución. Dinámico, de gran capacidad para el trabajo. Se ha revelado un excelente conductor de tropas y un gobernador progresista". Sosa Molina mantuvo el juicio al año siguiente.

El 23 de enero de 1950, el general de brigada Eduardo Lonardi, Director General de Administración, expresaba el siguiente concepto: "Dirige este servicio con entera eficacia y sentido de la responsabilidad".

El 9 de junio de 1950, el general de brigada Franklin Lucero, ministro de Ejército, expresó: "En el desempeño del cargo de gobernador militar de Comodoro Rivadavia, ha evidenciado amplio amor a la responsabilidad y ha desarrollado una labor fecunda en bien de la referida Gobernación".

Por resolución del 5 de enero de 1950, el Comando de la Agrupación Patagonia pasó a depender del Comando en Jefe del Ejército.

General de brigada	Comandante General de Comunicaciones del Interior	Comodoro Rivadavia	10 VI 50
General de brigada	Comandante del Arma de Comunicaciones del Comando en Jefe del Ejército	Comodoro Rivadavia	8 VI 51
General de brigada	Delegado del Ministerio de Estado de Ejército ante el Ministerio de Defensa Nacional (Comando General de Comunicaciones Interiores), sin perjuicio de sus funciones	Comodoro Rivadavia	17 VII 51
General de brigada	Delegado del Ministerio de Ejército para integrar la Comisión Coordinadora de Comunicaciones del Ministerio de Defensa Nacional, sin perjuicio de sus funciones	Comodoro Rivadavia	6 IX 51
General de brigada	Comandante del Distrito Electoral	Catamarca	23 X 51
General de brigada	Comandante del 2° Ejército	San Luis	13 XI 51

LOS IDEALISTAS CON ENTUSIASMO

En 1951, el general Franklin Lucero, lo calificó en estos términos: "Brillante personalidad de sólidos valores morales y profesionales. Conoce a fondo la especialidad a la que ha trasmitido la influencia favorable de sus inquietudes, que procuran ampliar su rendimiento y propenden a su modernización. Tesonero e inteligente, destaca la integridad y lealtad en los procedimientos". En términos semejantes, se expidió Lucero en 1952 y 1953: "Sobresaliente".

General de división	Ascendió	San Luis	31 XII 51
General de división	Comisión (O. Cdo. N° 346)	Buenos Aires y Neuquén	2 VI 55
General de división	Regresó (O. Cdo. N° 364)	San Luis	23 VI 55
General de división	Comisión (O. Cdo. N° 376)	Mendoza	9 VII 55
General de división	Regresó (O. Cdo. N° 383)	San Luis	19 VII 55
General de división	Comandante en Jefe del Ejército	Buenos Aires	23 IX 55
General de división	Déjase sin efecto el decreto N° 13.941 del 31-VIII-55, por el cual se lo declaraba en situación de retiro, reintegrándose al escalafón en actividad con la antigüedad que tenía a la fecha indicada	Buenos Aires	13 X 55
Teniente general	Ascendió, con anterioridad al 24-IX-55	Buenos Aires	13 X 55
Teniente general	Comandante en Jefe del Ejército	Buenos Aires	15 X 55
Teniente general	Ejército - Subsecretaría del Ministerio	Buenos Aires	5 VI 56

El 21 de junio de 1956, el general de brigada Arturo Ossorio Arana, Ministro de Ejército, lo califica: "Brillante teniente general, ha desempeñado las funciones de Comandante en Jefe del Ejército volcando notablemente todo su entusiasmo, inteligencia, capacidad y dedicación al servicio de la Institución, obteniendo sobresalientes resultados. Actuó con todo patriotismo, dedicación y valentía en la gesta revolucionaria del 16 de septiembre, siendo uno de las más destacadas figuras y factor decisivo del movimiento. De sentimientos nobles y puros, sabe de renunciamientos, que realzan aún más su vigorosa personalidad. La Patria y la Institución le quedarán eternamente agradecidas".

Teniente general	En situación de retiro efectivo voluntario y dado de alta en el cuerpo de retiro activo	Buenos Aires	22 VI 56

En su carácter de teniente general en retiro activo, fue designado el 6 de diciembre de 1956, Jefe de la Delegación Militar Argentina ante la Junta Interamericana de Defensa, en Washington.

A partir del 15 de mayo de 1957, sin perjuicio del mencionado cargo, fue designado asesor de las Fuerzas Armadas de la Misión Permanente de la República ante las Naciones Unidas en Nueva York. El 30 de abril de 1958 cesó en ambas funciones.

Teniente general	En situación de retiro efectivo, con carácter definitivo, voluntario	Buenos Aires	22 X 58

Esposa: Clara Rita Terrero
Hijos: Clara (n. 1935), Julio Alberto (n. 1936), Fernando (n. 1938), Silvia (n. 1940), María (n. 1943), Martín (n. 1945)

Parte de inspección administrativa para el legajo personal del general de brigada Julio Alberto Lagos, suscripta por el general de brigada Eduardo Lonardi, el 23 de enero de 1950.

Planilla de sevicios y destino del teniente general Julio Lagos, y calificación por el Ministro de Ejército, general de brigada Arturo Ossorio Arana, en Buenos Aires, el 21 de junio de 1956.

Villagrán, Mario Emilio

Nació en Buenos Aires, el 12 de noviembre de 1901
Infantería
Promoción 49
Falleció el 15 de agosto de 1962

Foja de servicios
Legajo 14.208

Grado	Destino	Lugar	Fecha
Cadete	Colegio Militar	San Martín	3 III 20

Fue calificado el 20 diciembre de 1923, por el capitán Humberto Sosa Molina, en estos términos: "Este cadete se distingue por su excelente espíritu militar y su constancia en el trabajo. Es de buen criterio y resuelto en sus decisiones. En general es muy correcto en sus maneras pero algo taimado cuando se le observa. De muy buenas condiciones físicas, gimnasta, fuerte y arrojado. En general es un buen cadete".

Subteniente	Ascendió	San Martín	11 VIII 24

Egresó del Colegio Militar el 11 de agosto de 1924.
Orden de mérito: 78 sobre 88.
A su egreso del Colegio Militar, lo calificó el capitán Filomeno Velazco, con fecha 12 de agosto de 1924: "Cadete de muy buenas condiciones morales, muy serio y correcto en sus procederes. De mucho espíritu militar, es dedicado y entusiasta en el trabajo, como instructor satisface, pues es activo y de buenas condiciones para el mando aunque no muy tenaz y perseverante. Sus condiciones intelectuales satisfacen, tiene buen criterio e iniciativa aunque no es muy rápido en sus concepciones. Muy buen gimnasta y entusiasta por esta instrucción. Como estudiante es bueno".

Subteniente	Regimiento 19	Tucumán	15 XI 24

En 1925 sufrió once días de arresto por diversas faltas disciplinarias.
El general de brigada Esteban Vacarezza, el 25 de noviembre de 1925, lo calificó en estos términos: "Las penas disciplinarias que ha tenido son de carácter muy leve y no me inducirían a disminuir las clasificaciones

concordantes de muy bueno, que expresan los comandantes de compañía, jefes de batallón y de regimiento; pero, fundándome en el propio juicio del comandante de infantería, que debo aceptarlo como fundado en su propia observación y recta conciencia, su expresión de carácter suave y apagado no le favorece, pues un joven oficial debe ser activo, dinámico aunque con mucho control de sí mismo. Bueno".

Subteniente	Regimiento 1	Buenos Aires	20 I 27

En octubre de 1927 sufrió 30 días de arresto por "faltar a los deberes de la hospitalidad, haciendo insinuaciones deshonestas a la dueña de casa y por tener familiaridad con un subalterno". El sumario fue sustanciado en Concordia. Interpuso recurso, asegurando "que es motivo de una mala interpretación, por parte del denunciante o es obra de una baja intriga". Le fue denegado por disposición del general Alfredo Córdoba, comandante de la 1ª División. Volvió a apelar ante el ministro Justo, quien le confirmó la sanción por resolución del 30 de diciembre de 1927, siéndole finalmente confirmada por decreto firmado por Alvear y refrendado por Justo, con fecha 8 de febrero de 1928.

Subteniente	Regimiento 17	Catamarca	24 I 28
Teniente	Ascendió	Catamarca	31 XII 28
Teniente 1º	Ascendió	Catamarca	31 XII 32
Teniente 1º	Batallón de Arsenales - 3ª Compañía	Puerto Borghi	7 XII 33

De noviembre de 1934 a octubre de 1935 sufrió 46 días de arresto por distintas faltas. Durante 23 días estuvo con parte de enfermo y gozó de 33 días de licencia, por lo cual, al ser calificado con fecha 15 de noviembre de 1935, su superior inmediato escribió: "Su cumplimiento del deber ha dejado mucho que desear en este oficial. Debe exteriorizar mayor firmeza en sus procederes y más energía en sus distintas actividades. Debe empeñarse en satisfacer dedicando más concentración y aplicación en sus tareas. Me merece un concepto general de bueno".

El mayor Filomeno Velazco, jefe del batallón de arsenales, el 20 de agosto de 1935, expresó en la hoja de calificación: "Es subordinado, dedicado, pero debe exteriorizar más energía".

Teniente 1º	Regimiento 2	Buenos Aires	11 I 36

Capitán	Ascendió	Buenos Aires	31	XII	36
Capitán	Regimiento 15 - 2° batallón	La Rioja	18	I	37

El 8 de agosto de 1939, el general José María Sarobe, comandante de la 4ª División, lo calificó: "Aunque tiene buenas aptitudes profesionales, las características particulares a que aluden los juicios anteriores [de sus superiores inmediatos], le restan eficacia en su dedicación profesional".

Capitán	Distrito Militar 47	La Rioja	9	VIII	39
Capitán	Distrito Militar 47 - Jefe interino	La Rioja	15	XI	39
Capitán	Batallón de Arsenales	Buenos Aires	20	I	40
Capitán	Plana Mayor del Batallón de la Agrupación de Arsenales	Buenos Aires	15	XI	41
Mayor	Ascendió	Buenos Aires	31	XII	41
Mayor	Dirección General de Materiales del Ejército	Buenos Aires	5	I	42
Mayor	Dirección General de Materiales del Ejército - División Munición y Explosivos	Buenos Aires	15	XI	42
Mayor	Regimiento 13	Córdoba	14	I	43
Mayor	Dirección General del Personal	Buenos Aires	1	II	43

Recibió felicitación por su actuación como "jefe informante a cargo de la custodia del sumario", en agosto de 1943, por "un sumario de excepción" que alcanzó las 55.000 fojas.

Mayor	Regimiento 3 de Infantería - 3ᵉʳ Batallón	Buenos Aires	31	XII	43

El 11 febrero 1944, el Tribunal de Honor de la 1ª División de Ejército le sancionó con "amonestación por falta grave, haciendo constar que es un hecho aislado y que afecta su buena conducta", fundado "por expresiones que vertiera en una conversación sostenida con los señores Agustín Héctor de la Vega y Urbano de la Vega Aguirre".

Por resolución del 20 de marzo de 1944, el ministro de Guerra, coronel Juan Perón, no hizo lugar al pedido de devolución de la solicitud de retiro presentada por el recurrente, resolución que, con fecha 26 septiembre 1944, fue confirmada por el presidente Farrell y el ministro Perón.

Mayor	A disponibilidad	Buenos Aires	25 III 44
Mayor	A retiro	Buenos Aires	7 VI 44
Mayor de Servicios Generales	Alta en Servicios Generales	Buenos Aires	12 XII 45
Mayor de Servicios Generales	Consejo Supremo de Guerra y Marina - Auxiliar	Buenos Aires	6 II 46

El 15 de octubre de 1947 el presidente del Consejo Supremo de Guerra y Marina, general Francisco Reynolds, lo calificó: "Comparto en todo el excelente concepto de su inmediato superior. Es un excelente colaborador en el desempeño de sus funciones en este Consejo Supremo. Muy correcto y buen camarada". Mantuvo esa calificación de 1948 a 1954.

Teniente coronel	Ascendió	Buenos Aires	31 XII 47
Teniente coronel	Consejo Supremo de Guerra y Marina - Jefe del Archivo Judicial	Buenos Aires	15 X 49
Teniente coronel	Consejo Supremo de las Fuerzas Armadas - Secretaría	Buenos Aires	15 X 52
Teniente coronel	A retiro definitivo	Buenos Aires	24 III 54

Esposa: Mabel Edith Gardel
Hijas: Edith Mabel del Valle (n. 1931), Nelly Rosa del Carmen (n. 1933) y María Graciela (n. 1936)

GONZÁLEZ (BRITOS), FERNANDO

Nació en Río Cuarto (Córdoba), el 14 de enero de 1907
Promoción 51
Infantería
Falleció el 14 de noviembre de 1993

FOJA DE SERVICIOS
Legajo 18.174

Grado	Destino	Lugar	Fecha
Cadete	Colegio Militar	San Martín	1 III 23

Egresó del Colegio Militar el 22 de diciembre de 1925.
Orden de mérito: 20 sobre 94.

Subteniente	Ascendió	San Martín	22 XII 25
Subteniente	Regimiento 13	Córdoba	1 I 26
Subteniente	Regimiento 13 - Jefe de la Sección 5ª	Córdoba	22 I 26

Con fecha 15 de noviembre de 1928, recibió esta calificación de su superior: "Tiene recomendables aptitudes para transmitir instrucción, pero no es constante en su empeño, disminuye cuando es más necesario: en campaña. Interpreta bien los reglamentos, pero es poco aplicado. Muy buen camarada".

En la misma oportunidad, el general de división Francisco Medina, comandante de la división, expresó: "Estoy de acuerdo con el juicio del señor jefe del regimiento del que debe tomar nota el subteniente González para perfeccionar sus aptitudes. No obstante, trátase de un oficial muy bueno y muy buen camarada".

Teniente	Ascendió	Córdoba	2 V 29
Teniente	Distrito Militar 50	San Luis	23 VIII 29

El general Medina, el 15 de noviembre de 1929, también desde Córdoba, reiteró su alto concepto: "Este oficial ha demostrado excelentes aptitudes en el Regimiento 13. Inteligente, muy culto, activo, de excelente criterio, es capaz del más exacto desempeño. Sobresaliente".

El nuevo comandante en Córdoba, general Basilio Pertiné, el 1° de diciembre de 1930, lo calificó "sobresaliente", al igual que en 1931.

Con fecha 27 de agosto de 1932, Pertiné destacó el "trabajo y espíritu de tropa" en la inspección de orden abierto presentada por el teniente bajo calificación.

Teniente	Regimiento 15	La Rioja	24 I 31
Teniente 1°	Ascendió	La Rioja	31 XII 32

El 15 de noviembre de 1933, el comandante de la 4ª División, general de brigada Juan Jones, lo calificó "bueno", fundamentando: "En la inspección del período de instrucción individual, presentó su compañía deficientemente instruida, por lo cual no le dio un tiempo para corregir los defectos que se habían notado, lo que no consiguió sino en reducida proporción. Necesita revistar a órdenes de un buen capitán".

Al año siguiente, mejoró la calificación a "muy bueno".

Teniente 1°	Regimiento 15 - Jefe de la Sección Comunicaciones	La Rioja	31 V 34
Teniente 1°	Regimiento 16	Mendoza	17 I 35
Teniente 1°	Ejercicios finales en la Cordillera (30 días)	Mendoza	15 X 35
Teniente 1°	Regimiento 20	Jujuy	22 I 36
Teniente 1°	Regimiento 20 - Ayudante	Jujuy	21 I 37
Teniente 1°	Ejercicios finales y maniobras	La Caldera	15 X 37
Capitán	Ascendió	Jujuy	31 XII 37
Capitán	Pasó a la Escuela Superior de Guerra - Alumno	Buenos Aires	29 I 38

El jefe del Destacamento de Montaña Cuyo, coronel Edelmiro J. Farrell, el 12 de junio de 1935, lo calificó en estos términos: "No obstante ser el primer año que actúa en montaña, ha obtenido resultados que permiten suponer que será un excelente instructor para el año próximo. Debe reforzar la instrucción de tiro de la unidad". Con fecha 6 de septiembre de 1935, expresó Farrell: "Demuestra mucho entusiasmo y actividad. Satisface muy bien". El 15 de noviembre de 1935, lo calificó: "Muy contraído, buena inteligencia, estudioso, de excelente espíritu y muy apto para la vida en montaña. Muy bueno".

Capitán	Regimiento 16 de Infantería de Montaña Reforzada - Comandante de la 1ª Compañía	Mendoza	20 IV 40

Fue calificado el 16 de junio de 1940, por el teniente coronel Juan C. Montes positivamente: "Ha dirigido con marcado criterio y dedicación la instrucción de la compañía. Es trabajador incansable, metódico y detallista. El entusiasmo puesto en la dirección de la instrucción y sus profundos conocimientos de la especialidad dieron como resultados el excelente pie de instrucción alcanzado por su compañía. Le ha correspondido el primer puesto dentro del batallón por razones de antigüedad". La calificación fue reiterada en forma semejante, con fecha 4 septiembre de 1940, y en la calificación anual del 15 noviembre de 1940, mereció "sobresaliente".

Capitán	Comisión en el Centro de Instrucción de Montaña (27 días)	Mendoza	30 XI 40
Capitán	Comisión de Reconocimiento de la Cordillera (20 días)	Mendoza	2 III 41

El coronel Humberto Sosa Molina, comandante del Destacamento de Montaña Cuyo, el 18 de mayo de 1941, expresó conceptualmente: "Es oficial de porvenir", y lo calificó "sobresaliente". El mismo jefe, rebajó su calificación a "muy bueno", el 15 de junio.

Capitán	En comisión al Centro de Instrucción de Montaña	Mendoza	19 V 41

El 15 de noviembre de 1941, el teniente coronel Juan Perón, director interino del Centro de Instrucción de Montaña, lo calificó: "Oficial descollante. Caballeresco, íntegro, culto, educado, de fino tacto y gran camarada. De preparación profesional completa, modesto, trabajador, inteligente y de amplio criterio. Leal y de gran personalidad. Profundo conocedor de la especialidad andina. Deportista destacado y soldado de corazón. De gran espíri-

tu militar, estudioso, abnegado y profundamente dedicado. Sobresaliente".
Reiteró esa calificación con fecha 31 de diciembre de 1941.
Participó, en comisión, de los ejercicios finales de la Agrupación de Montaña Cuyo, en la zona de Laguna Diamante, en enero y julio de 1942.
Como resultado el coronel José Humberto Sosa Molina, comandante de la Agrupación, lo calificó: "Distinguido oficial de clara inteligencia, amplia preparación profesional general, excelente criterio táctico y de rendimiento en el trabajo. Sobresaliente".

Mayor	Ascendió	Mendoza	31 XII 42
Mayor	Comando del 2° Ejército	Buenos Aires	14 I 43
Mayor	Comando del 2° Ejército - Auxiliar en la División Operaciones	Buenos Aires	6 III 43
Mayor	Inspección de Tropas de Montaña	Buenos Aires	6 IV 43
Mayor	Comisión como jefe del Curso de Especialización para Oficiales Subalternos y Suboficiales (regresó a la guarnición el 4 de octubre)	Puente del Inca	24 VII 43
Mayor	Secretaría del Ministerio de Guerra	Buenos Aires	26 X 43
Mayor	Jefe adjunto a la Presidencia del Departamento Nacional del Trabajo	Buenos Aires	30 X 43

El 26 de octubre de 1943, el coronel Juan Carlos Montes, inspector de tropas de montaña, lo calificó: "Inteligente, dinámico y de gran preparación profesional. Ha colaborado en forma sobresaliente en las tareas de inspección y ha dirigido con éxito ampliamente satisfactorio el curso de invierno para oficiales y suboficiales de montaña. Sobresaliente".
El mismo jefe, el 15 noviembre de 1944, reiteró: "Sobresaliente criterio y de gran espíritu militar. Jefe de brillante porvenir por su inteligencia, contracción al trabajo y vocación por la especialidad. Excelente montañés. Se caracteriza por su nobleza y camaradería. Sobresaliente".
El 15 de noviembre de 1943, su superior inmediato fue el coronel Juan Perón, que no lo calificó.

Mayor	Subsecretario de Trabajo y Previsión	Buenos Aires	6 XII 43	

El coronel Juan Perón, jefe de la Secretaría del Ministerio de Guerra, el 23 de febrero de 1944, dejó consignado en la foja de calificación: "Se ha desempeñado satisfactoriamente en sus funciones. Correcto, disciplinado y de muy buena preparación. Activo, inteligente y buen camarada. Sobresaliente".

Mayor	Acéptase su renuncia al cargo	Buenos Aires	10 IV 44	
Mayor	Inspección de Tropas de Montaña	Buenos Aires	20 IV 44	
Mayor	En comisión como jefe de los Cursos Especiales de Alta Montaña	Puente del Inca (Mendoza)	19 VII 44	
Mayor	Jefe de la Sección Institutos y Cursos de Alta Montaña	Buenos Aires	26 VIII 44	

El 11 de enero de 1945, el coronel Juan Carlos Montes, inspector de tropas de montaña, expresó: "Mantengo mi calificación anterior que dice así: Sobresaliente criterio y de gran espíritu militar. Jefe de brillante porvenir, por su inteligencia, contracción al trabajo y vocación por la especialidad. Excelente montañés. Se caracteriza por su nobleza y camaradería".

Mayor	Regimiento 16	Mendoza	12 I 45	
Mayor	Jefe del Regimiento 23	Tupungato (Mendoza)	15 XI 45	
Teniente Coronel	Ascendió	Mendoza	31 XII 45	

Consta la presentación de varias solicitudes de reclamo por la calificación anual.
El 16 de octubre de 1947 presentó la solicitud de retiro "por motivos particulares y voluntariamente".

Teniente Coronel	A retiro	Buenos Aires	5 XII 47	

Por decreto 38.331/47 el presidente Perón lo declaró en situación de retiro.

Esposa: Blanca Aurora Moretti
Hijas: Susana Aurora (n. 1937) y Mirta Aurora (n. 1941)

Arias Duval, Eduardo Bernabé

Nació en Buenos Aires, el 11 de junio de 1911
Promoción 59
(Orden de mérito: 7 sobre 108)
Artillería
Oficial de Estado Mayor
Pasó a retiro, con el grado de coronel, el 7 de noviembre de 1958
Falleció el 6 de junio de 1996

Foja de servicios
Legajo faltante

Eduardo Bernabé Arias Duval (mayor).
La conducción de la política del Estado.
Publicado en septiembre de 1952 y dedicado (entre otros) «a mis camaradas de la revolución que guardan su fe en la nueva Argentina».

DE LA VEGA, AGUSTÍN HÉCTOR

Nació en Ituzaingó (Corrientes), el 28 de agosto de 1896
Promoción 41
Caballería
Falleció en Buenos Aires el 19 de julio de 1969

FOJA DE SERVICIOS
Legajo 15.191

Grado	Destino	Lugar	Fecha
Aspirante	Colegio Militar	San Martín	12 III 13
Cadete	Colegio Militar	San Martín	19 III 14
Cabo	Ascendió	San Martín	21 XII 15
Cabo 1º	Ascendió	San Martín	19 VII 16

Egresó del Colegio Militar el 21 de diciembre de 1916.
Orden de mérito: 12 sobre 49

Subteniente	Ascendió	San Martín	21 XII 16
Subteniente	Regimiento 8 "Cazadores General Necochea"	Liniers	2 I 17
Subteniente	Regimiento 8 - Jefe de la 1ª sección	Liniers	20 VI 17
Subteniente	Escuela de Suboficiales "Sargento Cabral"	Campo de Mayo	28 IX 18
Teniente	Ascendió	Campo de Mayo	31 XII 19
Teniente	Regimiento 1	Colegiales	31 V 20

El general de división José Félix Uriburu, comandante del regimiento, adhiere al concepto "sobresaliente" de sus superiores inmediatos, calificación fechada en Capital Federal, el 3 de diciembre de 1920. El concepto fue reiterado en mayo de 1921.

Teniente	Colegio Militar	San Martín	30 IX 21

El coronel Agustín P. Justo, en noviembre de 1921, lo calificó: "Muy joven, aun le falta adquirir un mayor dominio sobre sí mismo y consolidar sus condiciones de mando. Posee relevantes condiciones militares que cimentadas por una mayor práctica lo harán un excelente oficial. Muy bueno". En noviembre de 1922, lo calificó: "Muy bueno con tendencia a sobresaliente".

Teniente 1°	Ascendió	San Martín	31	XII 23
Teniente 1°	Regimiento de Granaderos a Caballo "General San Martín"	Buenos Aires	17	I 24
Teniente 1°	Comisión de Adquisiciones en el Extranjero	Bruselas	12	III 26

Cumplió servicios por un mes, desde el 20 de agosto de 1926, en la Comisión de Control y Recepción de fusiles Madsen, en Copenhague.

Teniente 1°	Escuela Superior de Guerra - Alumno	Buenos Aires	16	II 27
Teniente 1°	Comando de la 4ª División	Córdoba	10	V 27

El general Francisco Medina, comandante de la división, el 15 de noviembre de 1927, lo calificó "muy bueno".

Teniente 1°	Escuela Superior de Guerra - Alumno	Buenos Aires	5	III 28
Teniente 1°	Comando de la 4ª División	Córdoba	10	X 28
Capitán	Ascendió	Córdoba	31	XII 28
Capitán	Regimiento 10	Campo de Mayo	3	VI 29
Capitán	Jefe del Haras y Escuadrón "General Paz"	Córdoba	12	I 32
Mayor	Ascendió	Córdoba	31	XII 32
Mayor	Escuela de Caballería	Córdoba	20	II 33
Mayor	Escuela de Caballería - Jefe de Estudios	Córdoba	28	II 33
Mayor	Escuela de Caballería - Profesor de Fortificación	Córdoba	8	IX 33

Mayor	2° Jefe del Regimiento 9	Curuzú Cuatiá	12 I 34

Concurrió a los ejercicios finales y maniobras de la 3ª Brigada de Caballería, realizados en Ea. Cambaí (octubre de 1934) y Villa Federal (octubre de 1935).

Mayor	Comando de la 1ª División de Caballería	Campo de Mayo	16 I 37

El 15 de noviembre de 1937, el coronel Pedro P. Ramírez, comandante de la 1ª División de Caballería, expresó: "Este jefe se destaca por la corrección de sus procederes en y fuera del servicio. Culto, educado y respetuoso. Leal y franco. Tiene buen criterio táctico. En el desempeño de su cargo ha puesto en evidencia buen trato y tino, preocupación y muy buenos conocimientos de las leyes y reglamentos del servicio. Excelente jinete; muy buen camarada. Muy bueno". Ratificó la calificación el 23 de enero de 1938.

Teniente coronel	Ascendió	Campo de Mayo	31 XII 37
Teniente coronel	Dirección General de Institutos Militares	Campo de Mayo	24 I 38
Teniente coronel	Dirección General de Institutos Militares - Escuela de Caballería y Equitación - Jefe de Trabajos Hípicos	Campo de Mayo	5 IX 38
Teniente coronel	Jefe del Regimiento 9	Curuzú Cuatiá	14 XII 38

El de 15 de noviembre de 1939, el general de brigada Benjamín Menéndez, comandante de caballería, lo calificó: "En trabajos tácticos en el gabinete y en el terreno lo he visto apreciar y discernir con excelente criterio y decidir con aplomo y firmeza correspondientes a su acertada apreciación".

Teniente coronel	Centro de Instrucción de Caballería	Campo de Mayo	9 I 40
Teniente coronel	Centro de Instrucción de Caballería - Jefe de Trabajos Hípicos	Campo de Mayo	15 XI 40

Teniente coronel	Regimiento 7	Cuadro Nacional (Mendoza)	8 I 41
Teniente coronel	Jefe del Regimiento 7	Cuadro Nacional (Mendoza)	30 X 41

En San Luis, el 15 de noviembre de 1941, el coronel Estanislao López, comandante de la 3ª División de Caballería, lo calificó "sobresaliente", argumentando que "es un verdadero maestro de oficiales".

Teniente coronel	Inspector de Remonta de la Dirección General de Remonta	Buenos Aires	9 I 42

Realizó inspecciones de ganado por unidades de la Mesopotamia (abril de 1942), Provincia de Buenos Aires (mayo, junio y agosto de 1942), las provincias de Santiago del Estero, Tucumán, Salta y Jujuy (octubre de 1942), Bahía Blanca y Corrientes (abril de 1943).

Teniente coronel	Jefe de la 2ª Brigada de Caballería	Campo de Mayo	22 VI 43
Coronel	Ascendió (con retroactividad)	Campo de Mayo	31 XII 42

El general de brigada Arturo Rawson, director general de remonta, en Buenos Aires, el 15 de noviembre de 1942, lo calificó: "Jefe que goza de prestigio por su corrección y seriedad. Como inspector de remonta se ha desempeñado con tacto y especial dedicación. Ha colaborado con eficiencia y autoridad en actividades hípicas. Caballero y excelente camarada. Sobresaliente". Mantuvo la calificación con fecha 25 de noviembre de 1942.

Coronel	Traslado de la Jefatura de la 2ª Brigada a Buenos Aires	Buenos Aires	13 VIII 43
Coronel	Concurrió a los ejercicios finales y maniobras de la 1ª División de Caballería	Campo de Mayo	20 X 43
Coronel	Jefe de la 2ª Brigada de Caballería	Campo de Mayo	15 XI 43

El 21 de junio de 1943, el coronel Carlos Kelso, director general de remonta, lo calificó: "Muy correcto en todos sus actos, serio y cumplidor. Evidencia poseer buen criterio y sano espíritu de trabajo, colaborando con eficiencia y mucho entusiasmo. Posee una sana moral y es muy buen camarada. Sobresaliente". El 27 de abril de 1945, expresó: "Califico de distinguido en carácter y espíritu militar, y de excelente en conducta, competencia en el mando, gobierno y administración".

Coronel	En disponibilidad	Buenos Aires	28 IV 45

Faltan datos en el legajo.
Pasó a retiro, con el grado de general de brigada, el 22 de octubre de 1958.

Esposa: Julia Florencia Dufaur
Hijos: Agustín Héctor (n. 1922), Matías (n. 1925) y María Cristina (n. 1936)

Ficha de servicios del teniente coronel de la Vega.

SAAVEDRA, ARTURO ÁNGEL

Nació en Buenos Aires, el 26 de septiembre de 1897
Promoción 43
Caballería
Falleció el 27 de abril de 1951

FOJA DE SERVICIOS
Legajo personal 11.717

Grado	Destino	Lugar	Fecha
Cadete	Colegio Militar	San Martín	1 III 15

Egresó del Colegio Militar el 21 de diciembre de 1918.
Orden de mérito: 55 sobre 62.

Subteniente	Ascendió	San Martín	21 XII 18
Subteniente	Regimiento 5	Salta	26 XII 18
Subteniente	Afectado a las unidades encargadas de mantener el orden alterado por huelgas	Buenos Aires	14 I 19
Subteniente	En comisión para las elecciones nacionales	Santiago del Estero	26 III 19
Subteniente	En comisión, afectado a control de la huelga de empleados del Ferrocarril Central del Norte Argentino (18 días)	Tucumán	24 XII 19
Subteniente	En comisión, afectado a la desconcentración de aborígenes	Chaco	26 VIII 21
Teniente	Ascendió	Buenos Aires	31 XII 21
Teniente	En comisión, afectado a trabajos del Ferrocarril a Huaytiquina	Quebrada del Toro (Salta)	22 VIII 22

Teniente	Sección de Exploradores Baqueanos del Destacamento "Norte"	Salta	30 VI	23
Teniente	Destacamento M. "Norte" Comandante de la Sección de Expedicionarios Baqueanos	Salta	10 XI	23
Teniente 1°	Ascendió	Salta	31 XII	25
Teniente 1°	Regimiento 5	Salta	20 I	26
Teniente 1°	Regimiento 10	Campo de Mayo	24 I	28
Teniente 1°	Regimiento 10 - Comandante del 3er Escuadrón	Campo de Mayo	15 XI	28
Teniente 1°	En comisión a la provincia de Santa Fe, por alteración del orden	San Urbano y Rosario	3 XII	28
Teniente 1°	Escuela Superior de Guerra - Alumno	Buenos Aires	19 II	29
Teniente 1°	Regimiento 2	Campo de Mayo	9 I	30
Teniente 1°	Regimiento 1	Campo de Mayo	5 III	30
Capitán	Ascendió (con retroactividad)	Campo de Mayo	31 XII	29

Fue calificado por el jefe del Regimiento 4 de Caballería, teniente coronel Florencio Campos, en Campo de Mayo, el 10 de junio de 1930: "Oficial muy dedicado, metódico y eficaz como director de la instrucción. A pesar de los inconvenientes de la reorganización ha obtenido muy buenos resultados, especialmente en servicio en campaña, tiro y orden abierto. Personalmente ha dirigido muchas instrucciones, siendo un maestro ejemplar para sus jóvenes oficiales por su preparación, habilidad y honradez profesional".
Campos, el 9 de septiembre de 1930, reiteró su alta calificación: "Reúne muy apreciables condiciones generales. Como comandante de escuadrón se ha desempeñado a mi entera satisfacción. Es serio, correcto y muy culto. De buen criterio y preparación profesional, contraído y estudioso. De trato enérgico y afable para con sus subalternos, es el ejemplo de ellos en el cumplimiento del deber. Sobresaliente".
En su carácter de comandante del 3er Escuadrón del Regimiento 1, fue designado jefe de la comisión encargada del convoy destinado al viaje del teniente general José Félix Uriburu, Presidente del Gobierno Provisional de

la Nación, el 14 de febrero de 1931. En noviembre de 1931, el coronel Nicolás Accame, comandante de la 1ª División, lo calificó: "Posee sobresalientes aptitudes de soldado, prendas de caballerosidad y una modestia que por lo sincera es realmente apreciable". Al calificarlo el año siguiente redujo la calificación de "sobresaliente" a "muy bueno".

| Capitán | Regimiento de Granaderos a Caballo "General San Martín" | Campo de Mayo | 12 | I | 32 |

El teniente coronel Héctor Pélesson, jefe de Granaderos, lo calificó, el 15 noviembre de 1932: "De gran espíritu militar, sobresalientes aptitudes morales de carácter, evidenciadas en todo momento en el desempeño de sus funciones de comandante de escuadrón; excelente voluntad para el trabajo y muy buen camarada. Sobresaliente". Reiteró la alta calificación en diciembre del año siguiente.

Mayor	Ascendió	Campo de Mayo	31	XII	34
Mayor	Dirección General de Administración	Campo de Mayo	24	I	35
Mayor	Estado Mayor General del Ejército	Campo de Mayo	13	VII	35

En enero de 1936 fue calificado "sobresaliente" por el general de brigada Nicolás Accame, jefe del Estado Mayor General del Ejército.
El teniente coronel Florencio Campos lo calificó en Campo de Mayo, en junio de 1936: "Oficial muy dedicado, metódico y eficaz, como director de la instrucción. A pesar de los inconvenientes de la reorganización ha obtenido muy buenos resultados, especialmente en servicio en campaña, tiro y orden abierto. Personalmente ha dirigido muchas instrucciones, siendo un maestro ejemplar para sus jóvenes oficiales por su preparación, habilidad y honradez profesional".

Mayor	2° Jefe del Regimiento 6	Concordia	3	I	36
Mayor	Jefe del Distrito Militar 30	Concordia	8	IV	38
Mayor	Comando de Instrucción de Caballería - Curso "B" de Jefes	Campo de Mayo	17	VII	39
Mayor	Jefe del Distrito Militar 30	Concordia	16	XI	39

Teniente coronel	Ascendió	Concordia	31 XII 39
Teniente coronel	Jefe del Regimiento 4	Junín de los Andes (Neuquén)	9 I 40

El 16 noviembre de 1940, el coronel José Cermesoni, comandante de la 5ª Brigada de Caballería, en San Rafael, cerró la sobresaliente calificación con este concepto: "Su acción entre el elemento civil de la guarnición prestigia a la unidad".

Teniente coronel	Comando de la 5ª Región Militar	Tucumán	5 I 42
Teniente coronel	Inspector de Remonta de la Dirección General de Remonta	Buenos Aires	29 IV 42

Realizó inspecciones de ganado en unidades de las provincias de San Luis, Mendoza, San Juan, La Rioja y Catamarca (junio de 1942), de Buenos Aires, Córdoba (julio de 1942), de Buenos Aires (septiembre y octubre de 1942), de la región neuquina (marzo de 1943) y de la región mesopotámica (abril de 1943).

El general Arturo Rawson, director general de remonta, lo calificó el 15 noviembre (ratificando los conceptos el 23 de noviembre) de 1942: "Jefe serio y correcto. Posee un severo concepto de su jerarquía. Ha desempeñado sus funciones de inspector de remonta con inteligencia, dedicación y tacto". Carlos Kelso, nuevo director general, lo calificó el 17 de junio de 1943: "Jefe dotado de un sano espíritu de trabajo, de muy buen criterio, leal, muy sincero y muy correcto en todos sus actos, de gran tacto y discreción. Es educado y disciplinado; en todo momento actúa en bien del servicio. Excelente camarada. Sobresaliente".

Teniente coronel	Jefe del Regimiento de Granaderos a Caballo	Buenos Aires	18 VI 43

Fue designado para formar parte de la comitiva que acompañó al Presidente de la Nación a la provincia de Tucumán, el 22 de noviembre de 1943.

Teniente coronel	Jefe de la 1ª Brigada de Caballería	Tucumán	31 XII 43
Coronel	Ascendió (con retroactividad)	Tucumán	31 XII 43

El 14 de julio de 1944 fue calificado por el general de brigada Pedro Jándula, comandante de la 1ª División de Caballería: "Jefe inteligente, de mucha iniciativa y fácil comprensión. Tiene excelentes aptitudes militares y sobresalientes condiciones morales. Es culto, caballero en todos sus procedimientos, excelente camarada. Como jefe de brigada se ha destacado por su claro criterio, dedicación al trabajo, entusiasta por la preparación militar de sus subordinados y gran disciplinador. Sobresaliente".

Coronel	Interventor Federal en la Provincia de Santa Fe	Santa Fe	15 VII 44

El 24 de febrero de 1945 sufrió un ataque de hipertensión arterial, que le produjo un cuadro de hemiplejía y parálisis labio-gloso-laríngea.

Coronel	Internado en el Hospital Militar Central	Buenos Aires	8 III 45
Coronel	Adscripto al Comando en Jefe del Ejército	Buenos Aires	14 III 45

El 24 de agosto de aquel año, por resolución del ministro de Guerra, Juan Perón, se le concedieron seis meses de licencia, a su solicitud, "para restablecer, mediante cura de reposo, su estado de salud". La resolución fue refrendada por el teniente coronel Raúl Tanco, jefe de la 2ª División de la Secretaría del Ministerio de Guerra.

Coronel	A retiro	Buenos Aires	22 III 46

Esposa: Azucena Arias (fallecida); Higinia Ana Bianchi (segundas nupcias)

De la foja de servicios del coronel Saavedra

GUILLENTEGUY, BERNARDO RICARDO

Nació en La Plata (Buenos Aires), el 18 de febrero de 1897
Promoción 43
Artillería
Falleció el 19 de diciembre de 1963

FOJA DE SERVICIOS
Legajo 14.325

Grado	Destino	Lugar	Fecha		
Cadete	Colegio Militar	San Martín	23	II	16

Egresó del Colegio Militar el 21 de diciembre de 1918.
Orden de mérito: 13 sobre 62.

Subteniente	Ascendió	San Martín	21	XII	18
Subteniente	Regimiento 4	Córdoba	26	XII	18
Subteniente	Regimiento 5	Salta	7	I	19
Subteniente	Regimiento 4	Córdoba	7	III	19
Subteniente	Regimiento 5	Salta	15	XI	19
Subteniente	Curso Superior del Colegio Militar	San Martín	1	III	20
Subteniente	Regimiento 5	Salta	9	VIII	20
Teniente	Ascendió	Salta	31	XII	21
Teniente	Escuela de Artillería	Campo de Mayo	19	I	25
Teniente 1°	Ascendió	Campo de Mayo	13	I	26
Teniente 1°	Regimiento 5	Salta	21	I	26
Teniente 1°	Curso de Oficial de Antena	El Palomar	10	VII	26
Teniente 1°	Ayudante del Comando de la 5ª División	Salta	15	XI	27

Teniente 1°	Comisión de Adquisiciones en el Extranjero - Francia - Equipo de Control N° 1 y N° 2	(1) Le Creusot (2) Chalon - Francia	15	VI	28
Capitán	Ascendió	(1) Le Creusot (2) Chalon - Francia	31	XII	29
Capitán	Regimiento 4	Córdoba	3	VIII	30
Capitán	Comisión de Adquisiciones en el Extranjero	Bruselas (Bélgica)	4	XI	30
Capitán	Ayudante del Comandante de la 4ª División	Córdoba	24	III	31
Capitán	Alumno en la Escuela Superior de Guerra	Buenos Aires	10	VI	31
Capitán	Regimiento 4	Córdoba	3	VIII	31
Capitán	Alumno en la Escuela Superior de Guerra	Buenos Aires	3	VIII	31
Capitán	Continúa en el Regimiento 4	Córdoba	5	XI	31
Capitán	En comisión en el Estado Mayor General	Buenos Aires	15	XI	31
Capitán	Regimiento 3	Buenos Aires	12	I	32

El coronel Nicolás Accame, comandante de la 1ª División, lo calificó en Capital Federal el 20 de julio de 1932, con estos conceptos: "Mejoró acentuadamente sus condiciones de comandante de batería, adjudicándose la materia más importante del período individual. Muy bueno".

Capitán	IV/Ac.	San Luis	20	VI	32
Capitán	Regimiento 2	Campo de Mayo	5	VII	32
Capitán	Alumno en la Escuela Superior de Guerra	Buenos Aires	14	I	33

El subdirector de la Escuela, teniente coronel Enrique Rottjer, al término del primer curso, con fecha 15 de noviembre de 1933, lo calificó: "Procura satisfacer sus obligaciones y deberes como alumno, pero sin destacarse por su empeño. Es respetuoso y subordinado. Resistente a la fatiga. Muy Bueno".

| Capitán | Regimiento 2 | Campo de Mayo | 15 | I | 34 |

En Campo de Mayo, el comandante de la 2ª División, general de brigada Juan Pistarini, lo calificó el 15 de noviembre de 1935, con "muy bueno", y en 1936, con "sobresaliente".

Capitán	Traslado de la guarnición del Regimiento 2	Azul	26	XII	36
Mayor	Ascendió	Azul	31	XII	36
Mayor	Plana Mayor del Regimiento 2	Azul	31	XII	36
Mayor	Regimiento 2 - 2º Jefe	Campo de Mayo	10	I	37

El coronel Pedro P. Ramírez, comandante de la 1ª División de Caballería, en Campo de Mayo, el 15 de noviembre de 1937, lo calificó: "Jefe serio, discreto y trabajador. Ha colaborado muy eficientemente con su jefe de grupo. En los trabajos tácticos ha demostrado poseer muy buena preparación artillera y muy buen criterio táctico. Muy bueno".
Al año siguiente, el 15 de noviembre de 1938, el coronel Arturo Rawson, nuevo comandante de la división, lo calificó en estos términos: "Ha colaborado con su jefe con inteligencia y entusiasmo a la mayor preparación y gobierno de su unidad. En la preparación e instrucción de oficiales ha demostrado competencia y en la conducción, muy buen criterio. Muy serio, correcto y caballeresco camarada. Sobresaliente".

| Mayor | Comando de la 5ª División | Salta | 20 | I | 39 |

En Tucumán, en mayo de 1939, realizó juegos de guerra con los cuerpos auxiliares y dirigió un ejercicio táctico de jefes y oficiales de los cuerpos auxiliares, ejercicio éste repetido en julio, agosto y septiembre de 1939 y febrero y marzo de 1940. En diciembre de 1939, llevó el plan de transporte de la División al Estado Mayor General.

| Mayor | Jefe del Cuartel Maestre de la 5ª División | Salta | 16 | IV | 39 |

El 15 de noviembre de 1939, el general de brigada Jorge A. Giovaneli, comandante de la 5ª División, lo calificó: "Como cuartelmaestre de la división, el mayor Guillenteguy tuvo a su cargo la instrucción de los oficiales de los cuerpos auxiliares, tarea en la que demostró mucha competencia, dominio de los reglamentos, y mucha iniciativa y entusiasmo. Es un jefe muy serio y correcto. Excelente camarada. Sobresaliente".

Mayor	Centro de Instrucción de Artillería - Curso "B" de Jefes	Campo de Mayo	15	IV	40
Mayor	Plana Mayor del Cuartel Maestre General del Interior	Buenos Aires	8	I	41
Mayor	Plana Mayor del Cuartel Maestre General del Interior - División Organización e Instrucción	Buenos Aires	10	I	41
Mayor	Plana Mayor del Cuartel Maestre General del Interior - Jefe de la División Central	Buenos Aires	13	XII	41
Teniente coronel	Ascendió	Buenos Aires	31	XII	41
Teniente coronel	Cuartel Maestre General del Interior - Subdirector de Seguridad e Informaciones	Buenos Aires	15	XII	42

La resolución del expediente "secreto" de su designación lleva las firmas del presidente Castillo y del ministro de Guerra Ramírez.

El 15 de noviembre de 1942, el coronel Laureano Orencio Anaya, jefe de la plana mayor del Cuartel Maestre General del Interior, lo calificó: "En su primer año en el grado, ha revelado muy buenas condiciones generales y particulares. En su nueva actividad en la plana mayor, como jefe de la división central, demostró condiciones satisfactorias, respondiendo a las múltiples exigencias del servicio. Correcto, serio, subordinado y muy buen camarada. Muy bueno".

En la misma fecha, el cuartelmaestre general del Interior, general de división Rodolfo Márquez expresó: "Ha demostrado gran preocupación y empeño por satisfacer las exigencias de su cargo de jefe de la división (...) es un jefe reposado, serio, correcto y muy subordinado. Muy bueno".

| Teniente coronel | Subdirector de la Dirección General de Seguridad e Informaciones de la Presidencia de la Nación | Buenos Aires | 30 | XII | 42 |

El teniente coronel Urbano de la Vega, director general de Seguridad e Informaciones de la Presidencia de la Nación, lo calificó el 18 de junio de 1943: "Es organizador, inteligente y enérgico. Las tareas a su cargo fueron cumplidas con toda diligencia y conciencia plena de su responsabilidad. Será siempre una aspiración tenerlo como colaborador. Es leal camarada y excelente consejero de sus subalternos. Sobresaliente".

| Teniente coronel | Comando de la 2ª División | La Plata | 18 | VI | 43 |
| Teniente coronel | Inspección de Artillería - Jefe de la Sección de Institutos y Cursos | Campo de Mayo | 1 | IX | 43 |

En Campo de Mayo, con fecha 15 de noviembre de 1943, el coronel Eduardo Jorge Ávalos, inspector de artillería, lo calificó: "Jefe que a pesar del poco tiempo que presta servicios en la inspección de artillería, se ha desempeñado en forma altamente satisfactoria, evidenciando una sólida preparación profesional, gran moral y excelente criterio. Trabajador incansable, leal, gran camarada, me merece un concepto sobresaliente".

| Teniente coronel | Traslado de la guarnición de la Inspección de Artillería | Buenos Aires | 3 | II | 44 |

Durante 1944 realizó viajes de reconocimiento e inspecciones a guarniciones de General Pintos (Buenos Aires) (febrero), de Zapala a Esquel (abril), Salta y Córdoba (julio), zona fronteriza neuquina (septiembre y noviembre).
El 15 de octubre de 1945, el general de brigada Juan Carlos Bassi, director general de instrucción del Ejército, lo calificó sosteniendo: "Posee excelentes cualidades de inteligencia, contraído a sus tareas, eficiente y preocupado, su rendimiento es altamente satisfactorio y su colaboración valiosa. En

los trabajos que personalmente ha realizado evidencia a la vez que [posee] muy buenos conocimientos profesionales, un acertado criterio y claro concepto de los problemas abordados y resueltos con alto espíritu de comprensión y previsión. Me complazco en hacer resaltar su eficiente cooperación y el indudable interés en el cumplimiento de sus obligaciones. Distinguido".
Con fecha 15 de octubre de 1946, el coronel Urbano de la Vega Aguirre, comandante de la 6ª Región Militar, lo calificó: "Jefe de recia contextura moral, ha superado sus dificultades de orden personal, contrayéndose al trabajo de toda hora y sin más preocupación que el servicio; lo que contribuyó a levantar el concepto ante la opinión local del más alejado organismo regional puesto bajo su jefatura. Su labor no fue sólo funcional, alcanzó también lo espiritual embelleciendo el local y proveyendo de comodidades indispensables a sus subalternos. La labor cumplida lo recomienda ante superiores y subalternos. Sobresaliente".
Participó del frustrado golpe de Estado del 28 de septiembre de 1951. Por decreto Nº 21.876, del 5 de noviembre de 1951, firmado por Teissaire, se le dio de baja del Ejército, porque "ha participado activamente en reuniones llevadas a cabo para la preparación de un movimiento subversivo destinado a derrocar por la violencia a las autoridades constitucionales". Por un nuevo decreto "secreto" Nº 3.197, firmado por Perón el 18 de febrero de 1952, "no ha lugar, por improcedente, al recurso extraordinario interpuesto", por lo que ratifica la baja.
Reincorporado tras los acontecimientos de septiembre de 1955, pasó a retiro con el grado de coronel, el 11 de abril de 1958.
Faltan datos en el legajo.
Pasó a retiro, con el grado de coronel, el 11 de abril de 1958.

Esposa: María Teresa Rauch
Hijo: Pedro José (n. 1922)

LADVOCAT, HÉCTOR JULIO

Nació en Tapalqué (Buenos Aires), el 6 de mayo de 1900.
Promoción 45
Infantería
Falleció el 24 de mayo de 1961

FOJA DE SERVICIOS
Legajo personal 6.498

Grado	Destino	Lugar	Fecha
Cadete	Colegio Militar	San Martín	1 III 17
Cabo cadete	Colegio Militar	San Martín	22 III 20
Cabo 1°	Colegio Militar	San Martín	11 X 20

Egresó del Colegio Militar el 16 de diciembre de 1920.
Orden de mérito: 51 sobre 66.

Subteniente	Ascendió	San Martín	16 XII 20
Subteniente	Regimiento 8 - Jefe de la 6ª Sección	Campo de Mayo	22 XII 20
Subteniente	Regimiento 15	La Rioja	22 VIII 22
Subteniente	Regimiento 8	Campo de Mayo	11 I 23

Participó de las unidades afectadas a la intervención federal en Jujuy, dispuesta por decreto del 31 de diciembre de 1923.

Teniente	Ascendió	Campo de Mayo	31 XII 23

El 15 de noviembre de 1926, el general de brigada Aníbal Vernengo, comandante de la 2ª División, lo calificó: "Muy buen oficial; su presencia era necesaria a este Comando para las funciones que desempeña. Trabajador activo y buen camarada. De seguir así, será un excelente oficial. Muy bueno".

Teniente	Colegio Militar	San Martín	20 I 27

Teniente 1°	Ascendió	San Martín	31 XII 27
Teniente 1°	Comisión al Paraguay y Uruguay	Asunción y Montevideo	8 VIII 28
Teniente 1°	Regresó al Colegio Militar	San Martín	28 VIII 28

En San Martín, el 1° de octubre de 1928, el mayor Humberto Sosa Molina, jefe del batallón de infantería del Colegio Militar, expresó en la foja de calificación: "instructor experimentado, muy paciente, tenaz y metódico. Sabe despertar entusiasmo en sus subordinados. Es un trabajador infatigable e inteligente. Me merece un excelente concepto como instructor".

El coronel Luis Jorge García, director del Colegio Militar, lo calificó el 15 de noviembre de 1928, en estos términos: "Ha confirmado y mejorado las condiciones y aptitudes que le atribuí en mi concepto del año pasado. Contribuyó con su esfuerzo al mayor lucimiento del Colegio en sus recientes visitas al Paraguay y Uruguay. Sobresaliente".

El coronel Francisco Reynolds, director del Colegio Militar, el 12 de septiembre de 1930, sostuvo: "Mantengo mi calificación anterior. Sobresaliente".

El jefe del cuerpo de cadetes señaló: "Oficial que coopera eficaz e inteligentemente con sus superiores. Es un cumplido caballero en todo sentido. Muy trabajador y estudioso. Es un gran gimnasta y se mantiene en perfectas condiciones de entrenamiento. Sobresaliente".

| Teniente 1° | Comisión de Adquisiciones en el Extranjero | Bruselas (Bélgica) | 23 X 30 |
| Teniente 1° | Comisión de Adquisiciones en el Extranjero | París Francia | 12 III 31 |

El teniente coronel Emilio Faccioni, en París, el 10 de noviembre de 1931, lo calificó: "Oficial íntegro. Leal, muy resuelto y perseverante. Buen criterio, discerniendo con tranquilidad y orden. Es muy subordinado, pone mucho empeño en satisfacer y lo hace con iniciativa. Es enérgico con sus subordinados y firme en sus resoluciones. Serio y atento. Excelente camarada. Aunque sus tareas actuales son muy distintas a las comunes de un oficial subalterno, ha colaborado muy eficazmente en los trabajos de la sección. Sobresaliente".

El coronel Juan Bautista Molina, en París, el 20 de octubre de 1932, señaló: "Ha desempeñado las funciones de secretario de la Comisión con todo acierto, tino y eficacia, a entera satisfacción del suscrito. Es un oficial inteligente, discreto y muy prudente. Excelente camarada, culto y leal. Sobresaliente".

Capitán	Ascendió	París (Francia)	31 XII 31
Capitán	Regimiento 11	Rosario	23 I 33
Capitán	Alumno en la Escuela Superior de Guerra	Buenos Aires	8 II 33

El teniente coronel Enrique Rottjer, subdirector de la Escuela, el 14 de septiembre de 1933, lo calificó: "Activo, enérgico y muy correcto. Perseverante y de sincera independencia de juicio. Laborioso y contraído, empeñoso siempre en satisfacer ampliamente. De mucho tacto, discreción e íntegro en sus procedimientos. Aprobó el curso superior de esta Escuela Superior con muy buenas notas. Muy bueno". En términos semejantes se expresó Rottjer en las calificaciones correspondientes a los años 1934 y 1935.

Capitán	Pasó a la Dirección General de Arsenales de Guerra	Buenos Aires	14 IX 33

El 1º de marzo de 1934, el director general de Arsenales de Guerra, coronel Francisco Reynolds, lo calificó "muy bueno".

Capitán	Reincorporado al Curso I B de la Escuela Superior de Guerra, continuó en comisión en la Dirección General de Arsenales de Guerra	Buenos Aires	15 XII 33
Capitán	Auxiliar del Oficial de Dirección destacado a la 6ª División en maniobras	Córdoba	19 X 36
Capitán	Alumno del curso de Estado Mayor en la Escuela Superior de Guerra	Buenos Aires	4 XI 36

El 15 de noviembre de 1936, el mayor Benjamín Rattenbach, jefe de curso de Estado Mayor de la Escuela, lo calificó: "De gran iniciativa y excelente colaborador. Serio, modesto y estudioso. Muy correcto. Merece ser destacado por su amor por la institución armada. Todas estas condiciones hacen que se preste especialmente para ser empleado en misiones de Estado Mayor. En el terreno se destaca por sus condiciones para el mando. Sobresaliente".

El director de la Escuela, coronel Carlos von der Becke, expresó: "Reúne muy buenas condiciones morales e intelectuales. Muy correcto por sus procederes. Sobresaliente".

| Capitán | Ayudante del Director General de Institutos Militares | Campo de Mayo | 7 | I | 37 |

El general de brigada Rodolfo Márquez, director general de Institutos Militares, reiteró el "sobresaliente" en calificaciones, fundando: "Ha puesto de manifiesto condiciones excepcionales para la cátedra y como jefe experimentado (...)".

Mayor	Ascendió	Campo de Mayo	31	XII	37
Mayor	Profesor de Táctica Militar en la Dirección General de Institutos Militares	Campo de Mayo	1	IV	38

El coronel Humberto Sosa Molina, jefe de cursos del Centro de Instrucción de Infantería, el 27 de marzo de 1939, en Campo de Mayo, calificó: "Distinguido oficial de Estado Mayor, a quien conozco por haber servido a mis órdenes en otra oportunidad. De juicio sereno y maduro, conoce a fondo los problemas del arma. Inteligente, de excelente criterio, muy laborioso y leal. Distinguido y culto caballero. Es un colaborador de positivo valer y un elemento ponderable como jefe de infantería. Me merece el más alto concepto".

Mayor	Centro de Instrucción de Infantería como Oficial de Estado Mayor	Campo de Mayo	1	I	39
Mayor	Estado Mayor General del Ejército como oficial de Estado Mayor	Buenos Aires	11	I	40
Mayor	Ayudante del Jefe del Estado Mayor General	Buenos Aires	23	I	40
Mayor	Profesor de Táctica en el 3er curso de la Escuela Superior de Táctica con anterioridad al 1° de mayo de 1940, sin perjuicio de sus funciones	Buenos Aires	30	V	40

Concurrió a presenciar ejercicios del Centro de Instrucción de Montaña, del 5 al 15 de noviembre de 1940.
El general de brigada Rodolfo Márquez, el 15 de noviembre de 1940, como jefe del Estado Mayor General del Ejército, expresó: "El mayor Ladvocat en el importante cargo de ayudante del jefe de Estado Mayor ha puesto en evidencia una vez más su vasta y sólida preparación general y profesional. Encarando el estudio de problemas de Estado Mayor de extraordinaria importancia reveló, con su clara inteligencia y gran capacidad de trabajo, un sentimiento de amplia, leal y sincera colaboración que entre otras virtudes son sus más hermosos atributos personales. Es un caracterizado jefe de Estado Mayor de gran porvenir. Sobresaliente".

Mayor	Comando del 2° Ejército como Oficial de Estado Mayor	Buenos Aires	8 I 41

Realizó, por orden del jefe del Estado Mayor General, reconocimientos de la frontera oeste (enero de 1941), de la zona cuyana (marzo de 1941), de los territorios del sur (agosto de 1941) y nuevamente a la frontera oeste (enero de 1942).
El coronel Luis César Perlinger, jefe de Estado Mayor del 2° Ejército, escribió: "Este jefe posee dotes singularmente relevantes"; de allí la calificación de "sobresaliente".
Fue designado para integrar, con carácter honorario, la Comisión Nacional pro fomento de los territorios nacionales en representación del Ministerio de Guerra (julio de 1941), y la Comisión a la Patagonia encargada de preparar el alojamiento provisorio de las tropas de la Agrupación Patagonia (febrero de 1942).

Teniente coronel	Ascendió	Buenos Aires	31 XII 41
Teniente coronel	Oficial de Estado Mayor en la Plana Mayor del Cuartel Maestre General del Interior	Buenos Aires	18 II 42
Teniente coronel	Plana Mayor del Cuartel Maestre General del Interior - Jefe de la 3ª División - Organización e Instrucción	Buenos Aires	20 II 42

| Teniente coronel | Profesor en la Escuela Superior Táctica sin perjuicio de sus funciones | Buenos Aires | 1 III 42 |

En octubre de 1942, fue nombrado delegado por el Cuartel Maestre General del Interior para integrar la comisión permanente de legislación.
El coronel Laurencio Anaya, jefe de la plana mayor del Cuartel Maestre General del Interior, el 15 de noviembre de 1942, lo calificó: "Criterio muy claro, reposado juicio y preparación sobresaliente, caracterizan a este jefe en su primer año en el grado. Dirige con gran acierto la división organización e instrucción, aportando felices iniciativas y colaborando con desinterés en la tarea de tres divisiones. Muy culto, discreto, de conducta pública y privada honorable, es por otra parte, un excelente camarada. Sobresaliente".
El general Márquez ratificó su calificación el 15 de noviembre de 1942.
El general Anaya también ratificó conceptos en su calificación del 17 de junio de 1943.

| Teniente coronel | Jefe de la Sección Informaciones y Prensa de la Presidencia de la Nación | Buenos Aires | 18 VI 43 |
| Teniente coronel | Jefe de la Plana Mayor en el Comando de la 5ª Región Militar | Tucumán | 10 III 44 |

El coronel Gregorio Tauber, secretario de la Presidencia de la Nación, con fecha 9 de marzo de 1944, se excusó: "no califico por no tener el tiempo mínimo que determina la reglamentación".
En Tucumán, el 11 de abril de 1944, el coronel Emilio Faccioni, comandante de la 5ª Región Militar, tampoco lo calificó.
En agosto y septiembre de 1944 participó de reconocimientos fronterizos en Salta, Jujuy y Formosa.
En noviembre de 1944, junio y octubre de 1945, se le encomendó llevar documentación secreta al Comando General de Regiones Militares.
El 6 de octubre de 1945 inició trabajos de inspección en los trabajos de movilización practicados por los Distritos Militares 63 y 64.
El 15 de octubre de 1945 (ratificada el 28 de octubre), en Tucumán, el general de brigada Elbio Carlos Anaya, comandante de la 5ª Región Militar, lo calificó: "Colaborador inteligente, entusiasta, disciplinado, caballeresco y excelente camarada. Une a su probada capacidad profesional y ponderado espíritu de trabajo, una ductilidad ejemplar que le permite, sin

desmedro de sus propias convicciones, servir en cualquier medio y cumplir eficientemente con los deberes de su cargo, tal como corresponde a un oficial de Estado Mayor consciente de sus obligaciones. Sobresaliente".
En la misma fecha, el general de brigada Pablo Dávila, comandante general de regiones militares, en Buenos Aires, expresó: "Comparto ampliamente con el juicio concreto que sobre este jefe formulara el señor comandante de la región. Sus ponderables condiciones personales y profesionales lo hacen acreedor al más elevado concepto. Sobresaliente".

Teniente coronel	Dirección General de Escuelas de Armas	Campo de Mayo	29 X	45
Coronel	Ascendió	Campo de Mayo	31 XII	45
Coronel	Jefe del Estado Mayor del Comando de la Agrupación de Montaña "Cuyo"	Mendoza	26 VI	46
Coronel	En comisión en el Centro de Altos Estudios	Buenos Aires	25 VI	46
Coronel	Resumió como Jefe del Estado Mayor del Comando de la Agrupación de Montaña "Cuyo"	Mendoza	31 VII	46

El 15 de octubre de 1946, el comandante en jefe del Ejército, general Diego I. Mason, en Buenos Aires, señaló en la foja de calificaciones: "Es un colaborador silencioso, entusiasta, de iniciativa y eficaz. Moral profesional y privada ejemplar. Excelente camarada. Sobresaliente".

Coronel	Subdirector de la Escuela Superior de Guerra	Buenos Aires	26 XII	47
Coronel	Director General de Intendencia, interino	Buenos Aires	18 XI	49
General de brigada	Ascendió	Buenos Aires	31 XII	49
General de brigada	Director General de Intendencia, confirmado en el cargo	Buenos Aires	31 XII	49

El general de brigada Eduardo Lonardi, director general de Administración, con fecha 11 de mayo de 1950, escribió: "Su acción directiva es acertada, enérgica y eficaz. Los reparos formulados por la inspección se refieren a la organización del sistema contable y son ajenos a la responsabilidad del Director General. - Sobresaliente".
Fue nombrado Presidente del Tribunal Especial de Honor a la Ciudad de Buenos Aires del 1º y el 21 de abril de 1950.

General de brigada	Director General de Intendencia	Buenos Aires	15	X	50
General de brigada	Adscripto a la Inspección General de Instrucción del Ejército	Buenos Aires	6	XII	50
General de brigada	Director del Colegio Militar de la Nación	El Palomar	15	XII	50
General de brigada	Adscripto al Comando en Jefe del Ejército	Buenos Aires	29	IX	51
General de brigada	A disponibilidad inciso 1º	Buenos Aires	5	X	51

El 15 de octubre de 1951, el general de brigada Joaquín Sauri, director general de Institutos Militares, lo calificó: "Es un destacado y eficaz director del Colegio Militar de la Nación. En el ejercicio de su cargo ha resuelto delicadísimos problemas con acertado tino y gran sentido de la responsabilidad. La observación diaria de sus virtudes morales, el dominio de sí mismo, su firme voluntad y recio carácter, su sentido de justicia, clara inteligencia y sólida preparación general y profesional, lo destacan como ejemplo ante sus subordinados y subalternos. Por su fino tacto y gran cultura goza de reconocido prestigio en el cuerpo de profesores civiles y militares. Sobresaliente".
En la misma fecha, el general Ángel Solari, comandante en jefe del Ejército, expresó: "Comparto y hago mío el juicio y clasificación que el director general de institutos ha impuesto a este oficial. Sobresaliente".
El general Solari, el 7 de junio de 1951, expresó: "A su dinamismo, preocupación, energía, tacto y permanente consagración a la vida y orden interno del Colegio, así como a la enseñanza, instrucción, disciplina, moral, etc., se debe la reacción notada en este Instituto. Sobresaliente".

General de brigada	Director del Colegio Militar de la Nación	El Palomar	15	X	51

| General de brigada | A la pasiva | Buenos Aires | 6 | XI | 51 |

El Consejo Supremo de las Fuerzas Armadas, el 11 de noviembre de 1951, lo condenó a tres meses de prisión menor y destitución por "no haber puesto los medios a su alcance para evitar una rebelión militar".

| General de brigada | Destituido y baja del Ejército | Buenos Aires | 14 | XI | 51 |

Reincorporado en 1955, fue pasado a retiro el 22 de diciembre de 1958. El 27 de febrero de 1961 fue nombrado presidente del Tribunal Superior de Honor, falleciendo a los tres meses con el grado de general de división.

Esposa: Elia Martínez de las Heras

Calificación del general Lonardi al general Ladvocat.
Buenos Aires, 11 de mayo de 1950

MENÉNDEZ, BERNARDO DÁMASO

Nació en San Juan, el 11 de diciembre de 1901
Promoción 46
Ingeniero

FOJA DE SERVICIOS
Legajo 8.026

Grado	Destino	Lugar	Fecha
Cadete	Colegio Militar	San Martín	1 III 18

Egresó del Colegio Militar el 20 de diciembre de 1929.
Orden de mérito: 91 sobre 96.

Subteniente	Ascendió	San Martín	20 XII 21
Subteniente	4º Batallón de Zapadores Pontoneros	Córdoba	20 XII 21
Subteniente	Curso Superior del Colegio Militar	San Martín	1 III 23
Subteniente	3er Batallón de Zapadores Pontoneros	Paraná	28 IV 23

Desde Córdoba, el 9 de mayo de 1923, el general Ricardo Solá, comandante de la división, lo calificó: "Atento a sus antecedentes en el cuerpo, este oficial carece de espíritu militar. Tratándose de un subteniente recién egresado tal vez un cambio de guarnición lo estimule a mejorar su conducta. Mediocre".
José Félix Uriburu, inspector general del Ejército, el 20 de noviembre de 1923, señaló: "Durante el período de instrucción realizado en Paraná por la Agrupación de Zapadores Pontoneros, este oficial se ha desempeñado en forma satisfactoria, demostrando buen espíritu militar y de trabajo".

Teniente	Ascendió	Paraná	31 XII 24
Teniente	Escuela Militar de Aviación	El Palomar	22 VI 25

El general de brigada Francisco Medina, en septiembre de 1925, observó "excelentes condiciones", calificándolo con "sobresaliente".

Teniente	Grupo N° 3 de Observación	Paraná	14 I 26
Teniente	3er Batallón de Zapadores Pontoneros de Campaña	Paraná	10 VI 26
Teniente	Pasó a la Escuela Militar de Aviación	El Palomar	12 V 27
Teniente	Alumno del Curso de Pilotos Militares en la Escuela Militar de Aviación	El Palomar	15 XI 27
Teniente	Grupo N° 3 de Observación	Paraná	24 I 28
Teniente 1°	Ascendió (con retroactividad)	Paraná	31 XII 28

El jefe de la aviación militar, teniente coronel Ramón Britos Arigós, el 10 de noviembre de 1929, lo calificó en estos términos: "Dentro de las dificultades originadas por falta de elementos y locales, todos los servicios generales y técnicos se desarrollan en forma que satisfacen ampliamente, por el empeño puestos por el jefe y personal de estos servicios".

El 15 de noviembre de 1929, lo calificó el comandante de la base militar de Paraná, mayor Elisendo Pissano: "Sus condiciones de laboriosidad en el trabajo diario, y su capacidad como observador militar, hacen de este oficial un destacado elemento. Correcto en su proceder. Muy buen camarada. Como ayudante se ha desempeñado a entera satisfacción. Sobresaliente".

En Paraná, el jefe de la base aérea militar, el 6 de septiembre de 1930, expresó en la foja de calificaciones: "Como comandante de compañía y jefe de los servicios generales se ha desempeñado satisfactoriamente. Es trabajador, subordinado y respetuoso. Buen camarada. Muy bueno".

Teniente 1°	Base Aérea Militar de El Palomar	El Palomar	16 IX 30
Teniente 1°	Base Aérea Militar de El Palomar - Jefe del Parque de la Base, sin perjuicio de sus otras funciones	El Palomar	8 X 30

El 5 de junio de 1931, el teniente coronel Ángel María Zuloaga, director general de Aeronáutica, lo calificó: "Posee un gran espíritu militar. En las comisiones de vuelo que se le han confiado, ha puesto siempre esmerada dedicación. Es muy trabajador, demostrando competencia y criterio. Es muy subordinado y respetuoso. Sobresaliente".

Zuloaga, con fecha 15 de noviembre de 1932, expresó: "Es un oficial que posee un alto sentimiento del deber. Es subordinado y respetuoso. Se le puede confiar una misión o un cargo, con la seguridad de que será cumplido estrictamente. Sobresaliente".

El mismo Zuloaga, el 15 de noviembre de 1933, señaló: "Es un oficial caballeresco y leal. Posee cualidades generales que hacen de él un estimable soldado. Ha trabajado en las difíciles tareas del parque central, con dedicación y eficiencia. Muy buen camarada. Muy bueno, con tendencia a sobresaliente".

Finalmente, Zuloaga, el 15 de noviembre de 1934, dejó asentados estos conceptos: "Muy contraído al cumplimiento de su deber. Es un soldado respetuoso y muy disciplinado. Ha trabajado con ahínco en la difícil tarea de la jefatura del Parque Central y Depósito. Muy bueno con tendencia a sobresaliente".

Teniente 1°	Dirección General de Aeronáutica	Buenos Aires	9 I 31
Teniente 1°	Alumno en la Escuela Militar de Aviación	El Palomar	20 VI 31
Teniente 1°	Alumno en la Escuela Superior de Guerra	Buenos Aires	20 I 32
Teniente 1°	Escuela Militar de Aviación	El Palomar	17 IX 32
Capitán	Ascendió	El Palomar	31 XII 32
Capitán	Base Aérea Militar de El Palomar	El Palomar	8 II 33
Capitán	Comando de la División Aérea N° 1	El Palomar	15 VII 36
Mayor	Ascendió	El Palomar	31 XII 36
Mayor	Ayudante del Comandante de Aviación de Ejército	Buenos Aires	15 I 37

Mayor	Ayudante del Presidente de la Delegación Argentina a la Conferencia Interamericana Técnica de Aviación	Lima (Perú)	8 IX 37
Mayor	Comando de Aviación de Ejército	El Palomar	26 VII 38

El 8 de julio de 1938, el general de brigada Armando Verdaguer, comandante de las fuerzas aéreas del Ejército, lo calificó: "Excelente piloto y distinguido aviador militar. Inteligente, de muy buena capacidad profesional, trabaja con gran eficiencia demostrando siempre amplios conocimientos de conjunto y de detalle. Sobresaliente".

Mayor	Jefe del Grupo de Observación N° 1	El Palomar	18 I 39
Mayor	Alumno regular del Curso "A" de la Escuela de Aplicación, sin perjuicio de sus funciones	El Palomar	27 I 39
Mayor	Profesor de Gobierno y Administración de Subunidades, en la Escuela de Aplicación	El Palomar	19 VI 39
Mayor	Curso de Vuelo Nocturno en la Escuela de Aplicación, sin perjuicio de sus funciones	El Palomar	15 VII 39
Mayor	Jefe del Grupo de Observación N° 1	El Palomar	16 XI 39
Mayor	En comisión a la VI Conferencia Nacional Aeronáutica	Bahía Blanca	6 XII 39
Mayor	Incorporado al curso de Vuelo Nocturno, en el Centro de Instrucción de Aviación, sin perjuicio de sus funciones	Bahía Blanca	1 III 40

El 14 de abril de 1940, el coronel Antonio Parodi, comandante de Aviación de Ejército, expresó: "Trata siempre de superarse y de rendir los mejores servicios en bien del arma y del prestigio del cuadro de oficiales". Mantuvo la calificación el 15 de noviembre de 1940: "sobresaliente".

Mayor	Director de la Escuela Militar de Aviones	Córdoba	18 I 41	
Mayor	Jefe de la Base Aérea Militar "General Urquiza"	Paraná	3 VII 41	
Mayor	En disponibilidad	Buenos Aires	12 X 41	

El 13 de octubre de 1941 se le impusieron dos meses de arresto con la prohibición de recibir visitas, debido a que "no obstante conocer la orden ministerial (...) que prohibía las actividades aéreas y sabiendo que el jefe titular de la citada unidad había hecho retirar las piezas esenciales de los motores de los aviones existentes en la misma y las había entregado en custodia al comando de la 3ª División de Ejército, solicitó telefónicamente del director de la Escuela Militar de Aviación, teniente coronel don Edmundo Sustaita, el envío de repuestos de las mismas piezas" (...) "una conducta semejante, sobre todo si se considera la premura con que solicitó el envío, se hace en extremo sospechosa y la explicación que da el causante para justificarla es absolutamente inadmisible".

Teniente coronel	Ascendió		31 XII 41

El 1º de octubre de 1942, el coronel Bernabé de la Colina, director de material aeronáutico del Ejército, lo calificó: "Distinguido jefe que ha colaborado con empeño y eficiencia. Sobresaliente".

Teniente coronel	Jefe de la Base Aérea Militar de El Palomar	El Palomar	2 X 42

No hay datos en el legajo sobre su actuación ni calificaciones a partir del año 1942.
Consta en una ficha que el 20 de julio de 1943 fue designado Presidente de la Comisión Investigadora a la Junta pro 5.000 pilotos.

Teniente coronel	Falleció en actividad	El Palomar	31 I 44

Esposa: María S. Velázquez
Hijos: Bernardo José (n. 1932) y Gustavo Guillermo (n. 1935)

Calificación del general Uriburu al subteniente Menéndez.
Buenos Aires, 20 de noviembre de 1923

DE LA VEGA AGUIRRE, URBANO

Nació en Loreto (Corrientes), el 18 de diciembre de 1895
Artillería
Promoción 40
Falleció el 8 de junio de 1966

FOJA DE SERVICIOS
Legajo 14.599

Grado	Destino	Lugar	Fecha
Cadete	Colegio Militar	San Martín	1 III 13

El coronel Agustín P. Justo, director del Colegio Militar, lo calificó: "Oficial inteligente, serio, muy estudioso y trabajador. Es tenaz y perseverante en las empresas. Buen jinete. En los trabajos profesionales ha demostrado tener claro criterio y buen golpe de vista. Es un oficial de porvenir".

Cabo	Ascendió	San Martín	13 X 14

Egresó del Colegio Militar el 21 de diciembre de 1915.
Orden de mérito: 4 sobre 48.

Subteniente	Ascendió	San Martín	21 XII 15
Subteniente	Regimiento 2	Campo de Mayo	1 I 16
Subteniente	Alumno del curso superior en el Colegio Militar	San Martín	5 VIII 16

Participó durante el año 1917 de concursos hípicos organizados por la Sociedad Rural Argentina, representando al Colegio Militar.
El 30 de septiembre de 1917, el capitán Pedro J. Rocco, ayudante en el curso superior del Colegio Militar, expresó: "Oficial muy estudioso, aplicado e inteligente. Durante el tiempo que lleva de permanencia, en el curso superior, ha demostrado una gran contracción al trabajo y al estudio. Reúne excelentes condiciones para ser muy buen oficial".
El teniente 1° Enrique Rottjer, el 31 de octubre de 1918, en Campo de Mayo, lo calificó: "Oficial estudioso, preparado, muy buen instructor, trabajador y cumplidor consciente de sus obligaciones. Buen camarada, muy caballero,

trata a sus subordinados con consideración y bien entendida energía. Sin embargo, fáltale moderar, todavía un poco, su temperamento un tanto nervioso, fruto de su misma juventud. Me merece, en general, muy buen concepto".

Subteniente	Regimiento 2	Campo de Mayo	20	II	18
Subteniente	Comisión de Levantamiento del Estado de Movilización en el Partido de La Matanza	San Justo (Buenos Aires)	10	XII	18
Teniente	Ascendió	San Justo (Buenos Aires)	31	XII	18
Teniente	Regimiento 2	Campo de Mayo	5	I	19
Teniente	Colegio Militar	San Martín	7	III	19
Teniente 1°	Ascendió	San Martín	31	XII	22
Teniente 1°	Alumno en la Escuela Superior de Guerra	Buenos Aires	1	IV	24

En la hoja de calificación del 3er curso de la Escuela Superior de Guerra, correspondiente al año 1926, con fecha 27 de noviembre, fue calificado por el subdirector, teniente coronel Guillermo Mohr, en estos términos: "Tiene una excelente voluntad de trabajo, habiendo hecho grandes esfuerzos por progresar. Se orienta bastante bien en el terreno. No es de juicio muy seguro, pero es muy reposado y tranquilo. Durante el viaje final ha satisfecho. Muy buen jinete. Ha presentado un buen trabajo de historia militar".

| Teniente 1° | Comando de la 4ª División | Córdoba | 21 | XII | 26 |
| Capitán | Ascendió | Córdoba | 31 | XII | 26 |

El 15 de noviembre de 1928, el general Francisco Medina, comandante de la División Córdoba, lo calificó: "Se ha desempeñado a entera satisfacción en todas las funciones que le han sido encomendadas. Es inteligente, estudioso y amante de la literatura militar, la que cultiva provechosamente. Merece entera confianza. Sobresaliente". Tales conceptos fueron ratificados, por el mismo jefe, el 14 de mayo de 1929.

| Capitán | Estado Mayor General del Ejército | Buenos Aires | 14 | V | 29 |

| Capitán | Diploma de egreso como Oficial Adjunto | Buenos Aires | 13 VI 29 |
| Capitán | Participó de maniobras de cuadros | Corrientes | 12 XI 29 |

En la calificación del coronel Juan Pistarini, jefe de la 3ª División, de fecha 15 de noviembre de 1929, constan estos conceptos: "Oficial de muy buenas condiciones personales y aptitudes militares. Estudioso e inteligente, ha de alcanzar con el tiempo una sólida preparación. Serio, correcto, culto y excelente camarada. Su colaboración en la división me satisface. Tiene aptitudes para el servicio de Estado Mayor. Sobresaliente".
También fue calificado "sobresaliente" por el general Francisco M. Vélez, en Buenos Aires, el 30 de noviembre de 1929, en su carácter de jefe del Estado Mayor General del Ejército.
Nuevamente en el Estado Mayor General del Ejército, fue calificado por Juan Pistarini, en Buenos Aires, el 9 de septiembre de 1930: "Oficial pundonoroso y caballeresco, asume responsabilidades plenamente. De mucho espíritu de trabajo y excelente camarada. Se ha desempeñado a satisfacción en los trabajos de la división. Sobresaliente".
En los mismos lugar y fecha, el coronel Manuel Rodríguez señaló: "Enérgico, muy trabajador y de excelentes condiciones generales. Tiene verdadero empeño en satisfacer las exigencias que se le imponen. Creo que este oficial progresará".
En el mismo sentido, el general de división Francisco Medina, jefe del Estado Mayor General del Ejército lo calificó: "Muy bueno en el servicio del Estado Mayor, como oficial le corresponde sobresaliente".

Capitán	Estado Mayor General del Ejército	Buenos Aires	15 XI 29
Capitán	Comisión en el Comando en Jefe del Ejército	Buenos Aires	12 XI 30
Capitán	Estado Mayor General	Buenos Aires	23 XI 30
Capitán	Jefe del Servicio de Censura Militar durante el Gobierno Provisional	Buenos Aires	10 XII 30
Capitán	Comisión en la Sección Informaciones de la Secretaría de la Presidencia de la Nación	Buenos Aires	15 I 31

El 11 de agosto de 1931, el jefe del Servicio de Informaciones de la Presidencia de la Nación, teniente coronel Antonio Esteverena, lo calificó: "En su carácter de jefe del Servicio de la Censura Militar, ha demostrado inteligencia, iniciativa, perspicacia, actividad, prudencia y carácter. Su colaboración, eficaz y oportuna, dentro de su especialidad, ha permitido al Gobierno Provisional neutralizar con tiempo, dentro de su especialidad, numerosas actividades encaminadas a conmover la paz interior de la República. Ha revelado poseer excelentes condiciones de oficial de Estado Mayor al servicio de un Comando Supremo, en circunstancias sociales y políticas realmente difíciles. Sobresaliente".

El 10 de noviembre de 1931, el general Francisco Medina lo calificó "sobresaliente", con estos conceptos: "Excelente oficial, las distintas tareas y comisiones desempeñadas revelaron un criterio exacto, inteligencia, puntualidad y amor a la responsabilidad. Es serio, culto, muy educado, buen camarada y consagrado a la profesión. Ha confirmado el concepto que mereciera del jefe del Servicio de Informaciones".

Se consideró postergado en los ascensos del año 1931, pero por decreto del 29 de marzo de 1932, se le desestimó el reclamo interpuesto "por carecer de fundamento legal".

Capitán	Estado Mayor General	Corrientes	15 XI 31
Capitán	Comisión en la Misión Militar Argentina en el Paraguay, como Profesor de Geografía Militar y de Transporte y Comunicaciones (hasta el 8 de agosto de 1932)	Asunción (Paraguay)	20 I 32
Capitán	Estado Mayor General	Buenos Aires	3 IX 32

El 15 de noviembre de 1933, el general Ramón Molina, jefe del Estado Mayor General, lo calificó: "Es un jefe culto, trabajador y con mucho espíritu militar". La calificación fue confirmada el 12 de enero de 1934.

Mayor	Ascendió	Buenos Aires	31 XII 32
Mayor	Jefe del Regimiento 4	Córdoba	12 I 34

El general Andrés Sabalain, comandante de la 4ª División, en Córdoba, el 10 de junio de 1936, lo calificó "muy bueno".

En octubre de 1936, participó en las grandes maniobras realizadas en Córdoba y San Luis.

Mayor	Estado Mayor General	Buenos Aires	10 VI 36

En la División Organización del Estado Mayor General, fue calificado "sobresaliente" por el jefe de la misma, coronel Eduardo T. López, el 15 de noviembre de 1937: "Sus sobresalientes aptitudes hacen que se desee tenerlo como colaborador. De gran espíritu militar sólo está animado por el bien del servicio. Subordinado, respetuoso y excelente camarada".

El jefe del Estado Mayor, general Abraham Quiroga, en la misma fecha, lo calificó: "Muy correcto y trabajador. Criterio profesional muy claro. Es un excelente colaborador, muy entusiasta de la profesión. Sobresaliente".

López, el 15 de noviembre de 1938, ratificó su alta calificación: "De gran espíritu militar, sólo está animado por el bien del servicio". Igualmente, Quiroga: "Excelente colaborador y entusiasta de la profesión".

Teniente coronel	Ascendió	Buenos Aires	31 XII 38
Teniente coronel	Comando de la 3ª División como Oficial de Estado Mayor - Jefe de la Sección de Instrucción e Información	Paraná (Entre Ríos)	5 I 39

El 19 de enero de 1940, el coronel Juan N. Tonazzi, comandante de la 3ª División, en Paraná, mantuvo su anterior calificación de "sobresaliente".

Teniente coronel	Pasó a la Plana Mayor del Cuartel Maestre General del Interior, como Oficial de Estado Mayor	Buenos Aires	20 I 40
Teniente coronel	Jefe de la División Organización e Instrucción en la Plana Mayor del Cuartel Maestre General del Interior	Buenos Aires	13 II 40

El jefe de la División, coronel Manuel Savio, lo calificó el 15 de noviembre de 1940, en estos términos: "Inteligente y estudioso se ha desempeñado con verdadera preocupación por los serios asuntos a su cargo como jefe de la División Organización e Instrucción, poniendo de relieve carácter, amplia preparación profesional y gran energía. Es serio, tiene alto sentimiento del deber y es un excelente camarada. Sobresaliente".

El 13 de abril de 1941, Savio expresó: "Se ha desempeñado con eficiencia y muy buen criterio en sus tareas al frente de la División Organización e Instrucción, comprobando espíritu militar y una preparación profesional muy satisfactoria. Es serio, respetuoso, trabajador y correcto. Afecto a los deportes. Excelente camarada. Sobresaliente".

Teniente coronel	Comando de la 6ª Región Militar	Bahía Blanca	14 IV 41
Teniente coronel	Jefe de la División Defensa Regional en el Comando de la 6ª Región Militar	Bahía Blanca	30 IV 41

Por decreto de fecha 21 de junio de 1941, suscripto por el vicepresidente Castillo, en ejercicio del Ejecutivo, ante el sumario "instruido en averiguación de actividades subversivas denunciadas por el Comandante de la 2ª División de Ejército", y visto: "Que por confesión del teniente coronel Urbano de la Vega, actualmente del comando de la 6ª Región Militar, resulta comprobado que dicho jefe mantuvo en su casa y en la del general de brigada (RSR) don Bautista Molina, conversaciones sobre la situación política del país, con el fin, según lo asevera el inculpado, de aunar voluntades para deponer las autoridades constituidas, incurriendo con su conducta en la infracción prevista en la última parte del inciso 5 del número 327 de la Reglamentación de Justicia Militar", se le imponen cuatro meses de arresto "por tomar participación en política, estando en actividad del servicio".

Teniente coronel	Plana Mayor de la 6ª Región Militar como Oficial de Estado Mayor	Bahía Blanca	25 IX 41
Teniente coronel	Comando de la 2ª Región Militar	Avellaneda	5 I 42
Teniente coronel	Jefe de la División Movilización en la Dirección General de Sanidad	Buenos Aires	26 I 42

En noviembre de 1942, el general Rodolfo Márquez, Cuartel Maestre General del Interior, lo calificó con estos conceptos: "Su desempeño como jefe de la División Investigación ha sido muy satisfactorio, revelando inteligencia, actividad y dominio de los temas".

Teniente coronel	Director General de Seguridad e Informaciones	Buenos Aires	14 XI	42
Teniente coronel	Ministerio de Guerra	Buenos Aires	16 XI	42

El 6 de junio de 1943, el ministro de Guerra, general Pedro P. Ramírez, expresó: "Las funciones que desempeña este jefe están relacionadas con las instrucciones que recibe de la Presidencia de la Nación, por cuya razón no emito juicio al respecto. Sobresaliente".

Teniente coronel	Plana Mayor del Cuartel Maestre General del Interior	Buenos Aires	22 VI	43
Teniente coronel	Jefe de la División de Organización e Instrucción en la Plana Mayor del Cuartel Maestre General del Interior	Buenos Aires	1 VII	43
Coronel	Ascendió (con retroactividad)	Buenos Aires	31 XII	43
Coronel	Jefe del Regimiento 1 de Artillería Montada	Ciudadela (Buenos Aires)	17 IX	43
Coronel	Jefe del Estado Mayor de la 1ª División	Buenos Aires	31 XII	43
Coronel	Jefe de la Plana Mayor del Comando de la 6ª Región Militar	Bahía Blanca	18 VIII	44

En Bahía Blanca, el 15 de octubre de 1945, el general de brigada Orlando Peluffo, comandante de la 6ª Región Militar, lo calificó: "Oficial superior de sobresalientes condiciones. Su eficiencia técnica profesional se pone de manifiesto en el alto nivel alcanzado por los trabajos de la Región. Abnegado, laborioso, de gran patriotismo y espíritu militar. Me merece el más alto concepto".

Coronel	Comandante de la 6ª Región Militar	Bahía Blanca	16 I	46

Coronel	A disponibilidad	Buenos Aires	8	I	47

Por decreto del 13 de febrero de 1947, el presidente Perón desestimó "por infundado, en definitiva y última instancia", el reclamo de de la Vega para ascender.

Coronel	A retiro	Buenos Aires	23	V	47
Coronel	Reincorporado en actividad	Buenos Aires	23	V	47
General de brigada	Ascendió	Buenos Aires	31	XII	47
General de brigada	A retiro	Buenos Aires	23	V	49

El 31 de marzo de 1952, sufrió prisión preventiva rigurosa, por orden del general José María Sosa Molina, juez de instrucción militar ad hoc.

General de brigada en retiro activo	Vocal de la Comisión Nacional de Liquidación de Bienes del ex Partido Peronista	Buenos Aires	13	I	56
General de brigada en retiro activo	Presidente de la Comisión de Liquidación de Bienes del ex Partido Peronista	Buenos Aires	8	II	56
General de brigada en retiro activo	Presidente del Tribunal Especial de Honor N° 2	Buenos Aires	26	I	56
General de brigada en retiro activo	Vocal del Tribunal Superior de Honor	Buenos Aires	13	XI	56
General de brigada en retiro activo	A retiro efectivo	Buenos Aires	4	XI	58

Esposa: Sara Parodi
Hijo: Urbano Olegario (n. 1924)

Calificación del coronel Justo al cadete de la Vega Aguirre, en el Colegio Militar (1913).

Ficha de servicios del capitán
Urbano de la Vega Aguirre.

González, Enrique Pedro Agustín

Nació en General Alvear (Buenos Aires), el 29 de junio de 1896
Promoción 42
Caballería
Falleció el 2 de diciembre de 1981

Foja de servicios
Legajo 16. 402

Grado	Destino	Lugar	Fecha
Cadete	Colegio Militar	San Martín	9 III 14
Cabo	Colegio Militar	San Martín	30 XI 17

Egresó del Colegio Militar el 20 de diciembre de 1917.
Orden de mérito: 36 sobre 50.

Grado	Destino	Lugar	Fecha
Subteniente	Ascendió	San Martín	20 XII 17
Subteniente	Regimiento 9	Paraná	21 I 18
Subteniente	En comisión para sofocar una huelga	Rosario	12 I 19
Subteniente	Terminó la comisión	Paraná	21 III 19
Teniente	Ascendió	Paraná	31 XII 20
Teniente	Regimiento 8	Liniers	5 I 22
Teniente	En comisión como alumno a la Escuela de Caballería	El Palomar	1 IV 22
Teniente	Regimiento 8	Liniers	10 XI 22

Con fecha 12 de noviembre de 1922, el teniente coronel Héctor Benigno Varela, lo calificó: "De temperamento muy tranquilo, decidido, sereno y perseverante, es correcto en su posición de jinete y aplicación de ayudas. Está en condiciones de transmitir sus conocimientos en forma sencilla y práctica". La calificación sintética fue "muy buena".

Teniente	Jefe de la Sección Escuadrón en la Escuela de Suboficiales	Campo de Mayo	16 III 23

Participó de comisiones de reclutamiento por Santa Fe, Santiago del Estero, Tucumán, Salta y Jujuy (del 15 de diciembre de 1923 al 1º de febrero de 1924) y por Corrientes y Entre Ríos (en el último trimestre de 1924).
En Campo de Mayo, el 20 de noviembre de 1923, el mayor Bartolomé Descalzo, jefe del cuerpo, lo calificó "sobresaliente", fundando su concepto en estos términos: "Es un oficial de amor profesional con quien resulta muy agradable encarar trabajos militares".

Teniente 1º	Ascendió	Campo de Mayo	31 XII 24
Teniente 1º	Alumno en la Escuela Superior de Guerra	Buenos Aires	5 III 28
Teniente 1º	Dirección General del Personal	Buenos Aires	10 X 28
Teniente 1º	Escuela Superior de Guerra - En comisión a la Dirección General del Personal.	Buenos Aires	15 XI 28
Teniente 1º	Alumno en la Escuela Superior de Guerra	Buenos Aires	29 XII 28
Capitán	Ascendió	Buenos Aires	2 V 29
Capitán	Adscripto a la Jefatura de la Policía de la Capital	Buenos Aires	9 XI 30
Capitán	Alumno en la Escuela Superior de Guerra	Buenos Aires	22 XI 30
Capitán	En comisión a la 2ª División	Buenos Aires	26 XII 30
Capitán	En comisión a la Secretaría de la Presidencia de la Nación	Buenos Aires	5 III 31
Capitán	En comisión a la Policía Montada de la Capital	Buenos Aires	31

Capitán	En comisión a la Secretaría de la Presidencia	Buenos Aires	10 XI	32
Capitán	Escuela Superior de Guerra	Buenos Aires	15 II	32
Capitán	Comando de la 1ª División como Oficial de Estado Mayor - División Operaciones	Buenos Aires	11 I	33

El 16 de noviembre de 1933, el general de brigada Nicolás Accame, comandante de la 1ª División, expresó: "Deseoso de hacer más de lo que le corresponde por sus obligaciones", mereció "sobresaliente".

Mayor	Ascendió	Buenos Aires	31 XII	33
Mayor	2° Jefe del Regimiento 11	Paso de los Libres	12 I	34

En octubre de 1934 participó de los ejercicios finales y maniobras de la 2ª y 3ª Brigadas de Caballería.

Mayor	Auxiliar del Inspector de Caballería	Buenos Aires	16 I	35
Mayor	Misión de Estudios en el Extranjero	Alemania	21 II	36

Realizó cursos en la Universidad de Berlín (desde el 21 de febrero de 1936) y en la Kriegsakademie (Academia de Guerra), también en Berlín (desde el 1° de octubre de 1936). Participó de ejercicios en el Destacamento de Exploración Motorizado 1, en Klein Machow (julio de 1938) y maniobras con la 1ª y 2ª divisiones en Pomerania (septiembre de 1938).

Mayor	Profesor en la Escuela Superior de Guerra	Buenos Aires	21 X	38
Mayor	Comando de Caballería como Oficial de Estado Mayor	Campo de Mayo	21 XII	38
Teniente coronel	Ascendió	Buenos Aires	31 XII	38

El 15 de noviembre de 1939, el coronel Estanislao López, jefe del Estado Mayor del Comando de Caballería, expresó: "Por su inteligencia, por su preparación profesional, por su ilustración, por su dedicación al trabajo, por su lealtad, por su abnegación, por su espíritu de compañerismo bien entendido y por la eficiente colaboración prestada al frente de la sección operaciones, este jefe me merece el más alto concepto". Reiteró la calificación al año siguiente.

En la misma fecha, el general de brigada Benjamín Menéndez, comandante de caballería, lo calificó: "De inteligencia clara y de esmerada preparación general y profesional, ha desempeñado en forma insuperable las tareas correspondientes al jefe de la sección operaciones del comando de caballería de Ejército. Posee, en máximo desarrollo, todas las virtudes que pueden exigirse a un soldado; no le conozco defectos. Sobresaliente".

El 15 de noviembre de 1940, el general de brigada Martín Gras, comandante de caballería, señaló: "Se trata de un destacado oficial de Estado Mayor, a quien espera un brillante porvenir dadas sus relevantes aptitudes generales, profundos conocimientos profesionales e intachable moral", por lo cual lo calificó "sobresaliente".

Teniente coronel	Jefe del Estado Mayor de la 2ª División de Caballería	Concordia (Entre Ríos)	24 XII 40

Fue calificado con "sobresaliente" por el coronel Alberto Gilbert, comandante de la división.

Teniente coronel	Pasó a la Secretaría del Ministerio de Guerra como Secretario Ayudante	Buenos Aires	30 XII 42

Con fecha 6 de junio de 1943, el general de división Pedro P. Ramírez, ministro de Guerra, expresó: "Jefe que posee brillantes dotes de inteligencia, criterio y sentido realista de los problemas que atañen al Ejército. Culto, educado, de espíritu jovial y optimista, su colaboración se caracteriza por la franqueza, sinceridad y lealtad con quien emite sus opiniones. Es muy apreciado por sus camaradas. Sobresaliente".

Teniente coronel	Secretario de la Presidencia de la Nación	Buenos Aires	7 VI 43
Coronel	Ascendió (con retroactividad)	Buenos Aires	31 XII 42

La calificación del Presidente de la Nación, general Ramírez, de fecha 15 de noviembre de 1943, fue la siguiente: "En las delicadas funciones de secretario de la Presidencia de la Nación, el coronel González ha confirmado plenamente sus brillantes aptitudes de militar pundonoroso, capaz, noble y leal. Las difíciles tareas que ha debido cumplir, las ha realizado con una voluntad y fe inquebrantables de vencerlas, lográndolo aún a costa de una infatigable actividad y sacrificios personales, que lo hacen acreedor a la máxima confianza que se le pueda dispensar. En esta función pública ha revelado poseer especiales dotes de carácter y ductilidad, lo que unido a sus innatas condiciones de caballerosidad le han permitido captar la simpatía y aprecio de quienes lo tratan. Sobresaliente". El juicio fue ratificado con fecha 15 de febrero de 1944.

Coronel	Aceptóse la renuncia	Buenos Aires	16 II 44
Coronel	A disponibilidad	Buenos Aires	16 II 44
Coronel	Jefe de la Plana Mayor de la 1ª Región Militar	Buenos Aires	7 VII 44

El 15 de octubre de 1945, el coronel Alfredo Argüero Fragueyro, comandante de la 1ª Región Militar, lo calificó: "Oficial de relevantes condiciones. Posee una cultura general y militar que lo destacan netamente, la que ha evidenciado en las múltiples y delicadas actividades desarrolladas como jefe de la plana mayor de la región. Ha intervenido personalmente, dirigiendo y ejecutando, dando con ello un alto ejemplo a sus subordinados, del cumplimiento del deber. Sus procedimientos y juicios, han sido siempre una lógica consecuencia de la rectitud, claro criterio y tino que lo caracterizan. Sumamente correcto y leal camarada. Sobresaliente". Mantuvo la calificación el 15 de noviembre de 1945.

Coronel	Jefe del Estado Mayor del Comando del 2° Ejército	Buenos Aires	16 XI 45
Coronel	A situación de retiro voluntario	Buenos Aires	17 VII 46
Coronel en retiro activo	En disponibilidad	Buenos Aires	4 X 57
Coronel en retiro activo	A retiro definitivo voluntario	Buenos Aires	20 III 58

Esposa: Magdalena Rosa Adela Sztyrle
Hijos: Enrique Antonio (n. 1921) y María Adela (n. 1925)

Calificación del Presidente de la Nación,
general Ramírez, al coronel González.
Buenos Aires, 15 de noviembre de 1943.

Ramírez, [Agustín] Emilio

Nació en San Nicolás (Buenos Aires), el 14 de mayo de 1891
Promoción 37
Infantería
Falleció el 16 de octubre de 1965

Foja de servicios
Legajo 14. 966

Grado	Destino	Lugar	Fecha
Cadete	Colegio Militar	San Martín	25 II 10

Egresó del Colegio Militar el 21 de diciembre de 1912.
Orden de mérito: 28 sobre 111.

Subteniente	Ascendió	San Martín	21 XII 12
Subteniente	Regimiento 5	San Nicolás	10 I 13
Teniente	Ascendió	San Nicolás	12 I 15
Teniente	Curso en la Escuela de Tiro	Campo de Mayo	15 VII 18
Teniente	Regimiento 8	Campo de Mayo	29 XI 18
Teniente 1°	Ascendió	Campo de Mayo	31 XII 18

En nota fechada el 25 de enero de 1919, el general Luis J. Dellepiane se dirigió al Ministro de Guerra para expresarle: "Cumplo con el deber de dirigirme a V.E. para pedirle como un acto de estricta justicia sea agregado al legajo personal de cada uno de los señores jefes y oficiales que menciono, una nota honrosa, pues su conducta se ha destacado más allá del cumplimiento ordinario de su deber, demostrando laboriosidad, concentración y resolución dignas de todo encomio. (...) Debo hacer una mención especial del capitán D. (...), quien con los tenientes D. Emilio Ramírez y D. (...) y cuarenta hombres cuya lista adjunto del Regimiento 8 a más una sección de ametralladoras de la Escuela de Tiro con el teniente D. (...), quienes llegaron en el instante de la mayor confusión y entre los tiros y cuando acababa de calmar a los agentes, utilizándolos en hacer cesar los disparos de las azoteas vecinas al Departamento y demostrando un valor y resolución dignos de que V.E. los estimule con una recompensa especial".

Ante esa presentación, con fecha 30 de enero de 1919, el ministro de Guerra, Julio Moreno, considerando: "Atento a la precedente comunicación del Señor Comandante de la 2ª División de Ejército, referente al concepto merecido por la conducta de los oficiales que actuaron desde el primer día de los sucesos que en el mes de la fecha produjeron la paralización de los servicios públicos y la vida ordinaria de esta Capital y en la que al expresarlo, por su cooperación al restablecimiento del orden alterado, menciona especialmente al capitán D. Patricio Sorondo y tenientes D. Emilio Ramírez, D. Juan Gutiérrez y D. Ismael Lugones, quienes, con 40 hombres del Regimiento 8 de Infantería y una Sección de Ametralladoras de la Escuela de Tiro, actuaron eficientemente en el momento de mayor confusión en la noche del tiroteo producido a inmediaciones del Departamento Central de Policía,
Resuelve:
"1º Agréguese copia legalizada de la presente resolución al Legajo Personal de los Oficiales y Suboficiales mencionados en la adjunta comunicación del Señor Comandante de la 2ª División de Ejército, con copia del párrafo de la misma que a cada uno de ellos se refiera y remítase copia a los interesados.
"2º Concédense quince días de licencia extraordinaria al personal de tropa determinado en las relaciones agregadas y los pasajes necesarios para su traslación al punto de residencia de sus familias, remitiéndose a cada uno copia de los fundamentos de esta resolución y del párrafo pertinente.
"3º Hágase saber al Comando de la 2ª División de Ejército y hecho pase a la Dirección General del Personal a sus efectos".

Teniente 1º	Escuela de Suboficiales	Campo de Mayo	7 III 19
Teniente 1º	Regimiento 5	San Nicolás	14 XI 19
Capitán	Ascendió	San Nicolás	31 XII 19

El 15 de noviembre de 1922, en Mercedes, al emitir juicio propio sobre el oficial calificado, expresó el coronel Luis Bruce: "De acuerdo en un todo con el del señor jefe del regimiento. Este oficial ha ideado un trípode para utilizar nuestra ametralladora en el tiro cuerpo a tierra, muy práctico - Sobresaliente".
Desde Campo de Mayo, el general de división Dellepiane, comandante de la 2ª División, escribió: "Muy conforme" - "Sobresaliente".

Capitán	Alumno en la Escuela Superior de Guerra	Buenos Aires	20 XI 24

Capitán	Regimiento 5	Bahía Blanca	15 III 25

En Bahía Blanca, el 29 de septiembre de 1926, el teniente coronel Álvaro Alzogaray, jefe del Regimiento 5 de Infantería, expresó: "Me ratifico en el concepto que mereciera el año pasado. Como instructor, como director de la instrucción y como conductor de la unidad, el capitán Ramírez posee muy buenas condiciones. Sus iniciativas en bien del orden y la disciplina redundan en provecho de la instrucción alcanzando resultados que lo acreditan un excelente comandante de compañía".

Capitán	Regimiento 4	Campo de Mayo	20 I 27
Mayor	Ascendió	Campo de Mayo	31 XII 28
Mayor	Secretaría de la Inspección General del Ejército	Buenos Aires	10 IV 29

El teniente coronel Álvaro Alzogaray, en la Secretaría de la Inspección General del Ejército, con fecha 15 de noviembre de 1929, lo calificó: "Circunspecto, serio, inteligente, en poco tiempo se ha puesto al corriente de los trabajos de la sección, que resuelve con muy buen criterio. Excelente camarada. Sobresaliente".
El general Severo Toranzo, inspector general del Ejército, señaló: "Es un excelente jefe".
Con fecha 6 de septiembre de 1930, el teniente coronel Alzogaray lo calificó "sobresaliente", expresando: "Muy contraído a sus obligaciones, se ha desempeñado con mucho acierto en la interpretación de los reglamentos. Excelente camarada. Confirmo en todas sus puntos el concepto anterior".
Con fecha 9, el general Toranzo lo calificó "sobresaliente".

Mayor	Regimiento 4	Campo de Mayo	31 X 30
Mayor	Jefe del Regimiento 4	Campo de Mayo	15 XI 31

El 10 de noviembre de 1931, el mayor Humberto Sosa Molina, jefe del Regimiento 1 - Escuela de Artillería, concluyó su calificación "sobresaliente", en estos términos: "Es un distinguido jefe de mucho porvenir".

Mayor	Subdirector de la Escuela de Infantería y Jefe del Regimiento 4	Campo de Mayo	12 I 33
Teniente coronel	Ascendió		31 XII 34

Teniente coronel	Jefe de la 2ª División de la Secretaría del Ministerio de Guerra	Buenos Aires	3 IV 35	
Teniente coronel	Jefe del Regimiento 3	Buenos Aires	24 I 36	

El 15 de noviembre de 1937, el general de brigada Francisco Reynolds, comandante de la división, expresó: "Comparto en todo el excelente concepto emitido sobre este jefe por su superior inmediato. Ha conseguido de su unidad el máximo rendimiento en instrucción y disciplina. Gran conductor. Enérgico y correcto. Sobresaliente".

En la misma fecha, el general de división Guillermo J. Mohr, inspector general del Ejército, lo calificó: "Excelente espíritu militar, esmerada instrucción y educación, exteriorizadas en muy correcta presentación de la unidad, tanto de la tropa como de los servicios, mereciendo con toda justicia, el concepto de sobresaliente".

El 10 de enero de 1938 se le impusieron 15 días de arresto "por manifestar desconsideración a sus camaradas jefes de regimiento de la división y por expresarse en términos incorrectos ante un subalterno", y el 11 de enero otros 8 días de arresto "por expresarse en forma incorrecta ante su comandante de división".

Ante tales sanciones, el general Reynolds, al calificarlo el 31 de enero de 1938, expresó: "Mi calificación anterior fue excesiva, pues el castigo impuesto por el comandante de infantería indicaba una declinación, pero la mantuve para estimular su reacción y no desmoralizarlo, pero los últimos graves castigos impuestos afectan su carácter y espíritu militar y el pobre éxito obtenido en el llamado de conscriptos licenciados para la formación por el desastre de Itacumbú, comparado con el obtenido por el resto de las unidades de la división, evidencia que carecía de prestigio ante la tropa recientemente licenciada, por lo cual rebajo también su calificación en el gobierno de su unidad. Bueno".

Teniente coronel	Instituto Geográfico Militar	Buenos Aires	1 II 38	
Teniente coronel	Director de la Escuela de Especialistas del Servicio Geográfico	Buenos Aires	4 I 39	
Teniente coronel	Comandante de Infantería de la 3ª División	Paraná	9 I 40	
Coronel	Ascendió (con retroactividad)		31 XII 39	

El 6 de septiembre de 1940, el general de brigada Juan N. Tonazzi, comandante de la 3ª División, expresó: "Se ha desempeñado como comandante de infantería con gran dedicación y entusiasmo, poniendo en evidencia profundos conocimientos de su arma, y muy encomiable espíritu de trabajo. En las frecuentes inspecciones ha dejado un positivo saldo de enseñanzas. Sobresaliente".

Coronel	Licenciado por 60 días por orden del Ministro de Guerra		19 XII 41
Coronel	Dirección General del Personal	Buenos Aires	16 XII 41
Coronel	Jefe de la 2ª División de la Dirección General del Personal	Buenos Aires	22 I 42
Coronel	Director de la Escuela de Suboficiales	Buenos Aires	30 XII 42

En la calificación fechada en El Palomar, el 6 de junio de 1943, el general de brigada Juan N. Tonazzi, director de Institutos Militares, expresó: "En el corto tiempo en que ejerció la dirección de la Escuela de Suboficiales, puso de relieve condiciones sobresalientes de mando, espíritu de trabajo, carácter e iniciativa, manteniendo el Instituto en un excelente pie de instrucción y disciplina. Excelente camarada y cumplido caballero. Sobresaliente".

Coronel	Jefe de Policía de la Capital	Buenos Aires	7 VI 43

El 15 de noviembre de 1943, el presidente Ramírez lo calificó "sobresaliente", ratificándolo el 23 de febrero de 1944.

Coronel	Jefe de la Policía Federal	Buenos Aires	24 XII 43
Coronel	A disponibilidad	Buenos Aires	25 II 44

Con fecha 10 de marzo de 1944, el Vicepresidente de la Nación en ejercicio del Poder Ejecutivo, general Farrell, con el referendo del ministro de Guerra, coronel Perón, decretan que no ha lugar a lo solicitado por el coronel Ramírez y otros oficiales, porque "no aportan [datos] concretos para proceder a la instrucción de un sumario, por cuanto no determinan responsables de las versiones que dicen circulantes en el ambiente público" y que "tales versiones, de ser existentes, encuadrarían a los responsables de las mismas en la jurisdicción de los Tribunales de Honor Militares, lo que tampoco procede por las causas expresadas anteriormente".

Por resolución del ministro de Guerra, coronel Perón, se aprueba la resolución del Tribunal Superior de Honor, que aplica, entre otros oficiales, al coronel Ramírez, la sanción de "amonestación por falta grave, con la constancia de que se trata de un hecho aislado que afecta la buena conducta del amonestado, y éste no se ha hecho pasible de la pérdida del derecho al uso del uniforme y título de su grado".

Coronel	A retiro	Buenos Aires	29 VII 44

En su condición de coronel retirado, se lo designó nuevamente jefe de la Policía Federal el 16 de octubre de 1945, cargo que ocupó hasta el día 18.

Coronel en retiro activo	Alta	Buenos Aires	21 III 56
Coronel en retiro activo	Retiro efectivo definitivo voluntario	Buenos Aires	5 XI 57

Esposa: María Luisa Ratti
Hijos: María Luisa (n. 1922) y Emilio Agustín (n. 1929)

Juicio del general Luis J. Dellepiane
sobre el capitán Emilio Ramírez, suscripto en Campo de Mayo,
el 15 de noviembre de 1922.

Planilla de servicios y destinos del coronel Emilio Ramírez.
Calificación por el presidente Pedro Pablo Ramírez,
en Buenos Aires, el 15 de noviembre de 1943.

PERÓN, JUAN DOMINGO

Nació en Lobos (Buenos Aires), el 8 de octubre de 1895
Promoción 38
Infantería
Falleció el 1° de julio de 1974

FOJA DE SERVICIOS
Legajo personal (sin número, fotocopiado; bajo custodia en caja fuerte)

Grado	Destino	Lugar	Fecha
Cadete	Colegio Militar	San Martín	1 III 11

Egresó del Colegio Militar el 13 de diciembre de 1913.
Orden de mérito: 43 sobre 121.
En el legajo consta que "habla como para hacerse entender" los idiomas francés e inglés; asimismo, que en el rubro "otros conocimientos especiales que posee" figuran: dibujo, fotografía y cinematografía.

Subteniente	Colegio Militar	San Martín	13 XII 13
Subteniente	Regimiento 12 - Oficial de Sección	Paraná	15 XII 13

Fue calificado en Paraná, el 31 de octubre de 1914, por el teniente coronel Arturo Poisson: "Este oficial me merece muy buen concepto, tiene buenas condiciones como instructor, las que a no dudar las perfeccionará dado su empeño y dedicación".
Poisson, el 10 de mayo de 1915, reiteró su calificación: "Es inteligente, estudioso y de mucho espíritu para el cumplimiento de sus deberes; firme en el mando, dispuesto y subordinado. Me merece muy buen concepto".

Teniente	Ascendió	Paraná	31 XII 15
Teniente	Regimiento 12 - Oficial de Sección	Paraná	22 IV 16
Teniente	En comisión en el Regimiento 3 Zapadores Pontoneros	Paraná	23 IV 16

| Teniente | Regimiento 12 - Oficial de Sección | Paraná | 23 V 16 |

En Paraná, el mayor Franklin Olmos, el 20 de marzo de 1916, expresó: "Oficial muy buen instructor aplicando los reglamentos con claro criterio. Es empeñoso y tiene mucha dedicación por la instrucción general de los reclutas".
El teniente coronel Arturo Poisson, jefe del Regimiento 12, en Paraná, el 5 de agosto de 1916, no lo calificó "sobresaliente", debido a dos castigos disciplinarios: el 29 de diciembre de 1915 recibió un apercibimiento por "no firmar el libro de castigos de la guardia", y el 7 de enero de 1916 otro apercibimiento, por "no presentarse a su jefe de regimiento con motivo de su ascenso en la primera oportunidad que tuvo para ello". No obstante, en la calificación se expresaba: "Es muy buen oficial. Muy trabajador, activo y entusiasta; de criterio táctico claro y bien orientado y con muy buenas condiciones de mando. Muy bueno".
El 7 de marzo de 1917 fue apercibido por "pasearse con uniforme de campaña en la ciudad".

| Teniente | Regimiento 12 - Ayudante | Paraná | 15 XII 17 |
| Teniente | Campaña con destino en el Arsenal "Esteban de Luca" | Buenos Aires | 16 I 18 |

El 28 de agosto de 1918, el director del Arsenal Esteban de Luca, lo calificó en estos términos: "Tiene muy buenas aptitudes como instructor. Requiere dirección y se le inculque constante dedicación al conocimiento detallado de las necesidades de los soldados. De su sección le ha correspondido el número 3 como orden de mérito. Me merece un concepto regular".

| Teniente | Presente en el Regimiento 12 | Santa Fe | 4 II 19 |

En Santa Fe, el 20 de agosto de 1919 el jefe de su regimiento, señaló: "De mucho espíritu; carácter firme pero benevolente; ha demostrado durante el período poseer muy buenas condiciones como instructor; interpreta bien las prescripciones reglamentarias, y celoso en el cumplimiento de su deber. Bien dirigido puede ser, dadas sus condiciones, un excelente instructor. Satisface. Calificación sintética: muy bueno".

| Teniente | Regimiento 12 - Ayudante I/B | Santa Fe | 15 XII 19 |

Teniente	Destinado (con motivo de la Huelga de La Forestal)	Chaco	20 XII 19
Teniente 1°	Ascendió	Chaco	31 XII 19
Teniente 1°	Destinado (con motivo de la Huelga de La Forestal)	Chaco	1 I 20
Teniente 1°	Escuela de Suboficiales - Comandante de Sección	Campo de Mayo	15 II 20

A partir del 15 de abril de 1920, y durante seis meses, participó de comisiones de reclutamiento de aspirantes para la Escuela de Suboficiales, en las provincias de Santa Fe, Santiago del Estero, Tucumán y Salta.

Con fecha 10 de agosto de 1921, el director de la Escuela de Suboficiales, teniente coronel Justiniano de la Zerda, lo calificó: "Inteligente, entusiasta, empeñoso y de buen criterio, forman un conjunto de condiciones que hacen de este joven oficial un verdadero modelo ante su tropa y un ejemplo digno de imitar ante sus camaradas. En las instrucciones y materias que imparte ha obtenido este general excelentes resultados, secundando en todo y con mucha eficacia a su comandante de compañía".

La calificación del 8 de noviembre de 1922, decía: "Por sus bríos, empuje, nervio, actividad y en eterno buen humor, parece un niño, y sin embargo su pasta es de un verdadero soldado. Ágil, vivo, flexible e inteligente, su actitud personal en el trabajo despierta, en el más apático, el deseo de trabajar. De saludables iniciativas y de un claro juicio de apreciación es un instructor de condiciones sobresalientes y un verdadero modelo ante su tropa. De trato fino y delicado y excelente camarada. Sobresaliente."

(El director de la inspección de la Escuela de Recluta era Mauricio E. Bonzón).

El 1° de octubre de 1923, en Campo de Mayo, el mayor Bartolomé Descalzo, jefe del cuerpo, lo calificó: "Sobresaliente. Es el tipo ejemplar del oficial de infantería. Ha sido el alma de la compañía. El único oficial de la unidad. Ha dado todas las instrucciones. Su actividad y energía sugestionadoras, hacen que los aspirantes pretendan copiar su apostura, agilidad, destreza y forma de mandar.

"Vive para la compañía. Mi información al señor director de la Escuela lo dice claramente. Es un atleta, campeón de espada del Ejército, vigoroso, audaz, intrépido, aplica los reglamentos con un alto espíritu militar.

"Es absolutamente sincero y leal. Conceptuar a este oficial, es decir, que es en la Escuela toda, el más alto ejemplo de espíritu militar y el señor director y el jefe del cuerpo le han puesto como ejemplo a los demás oficiales en muchas oportunidades.

"Sus trabajos de oficial son excelentes y el de ingenio dado a los instructores de la Escuela para poder impartir la enseñanza objetiva es el mejor de todos.

"El teniente primero Perón, da también fuera de instrucción clases de atletismo y es el jefe del pelotón atlético formado por los mejores gimnastas de la Escuela.

"Es también director de la sala de armas de oficiales y reemplaza eficientemente a los maestros de gimnasia y esgrima".

El director, de la Zerda, confirmó la calificación: "De acuerdo completamente con el juicio formulado por el señor subdirector. Es un oficial de condiciones sobresalientes como instructor. Es superior y verdadero modelo de su tropa, bajo el triple punto de vista: físico, moral e intelectual".

Con fecha 20 de noviembre de 1923, reiteraron Descalzo y de la Zerda: "Es un oficial de condiciones militares descollantes, físicas y morales. De un criterio táctico muy recomendable, y que siendo oficial de sección ha dado a la compañía entera, el sello de su personalidad. Sobresaliente".

El 20 de noviembre de 1924, en Campo de Mayo, el mayor Saravia, subdirector, formuló estos conceptos:

"El teniente primero Perón ha dirigido e instruido su compañía en este período, en forma completa y altamente satisfactoria.

"En los ejercicios de combate se ha desempeñado correctamente, con gran actitud personal, haciendo apreciaciones justas, tomando resoluciones acertadas, dando órdenes precisas, claras y completas y con gran dominio de su tropa.

"Todo el personal de su compañía en oficiales, suboficiales y aspirantes, interpretaban bien y cumplían sus órdenes con gran aprovechamiento del terreno, resaltando la buena condición de combate por sus jefes y mucha disciplina y destreza de la tropa en el empleo del arma.

"En la maniobra nocturna de 36 kilómetros en 7 horas que hizo esta compañía, sin tener resguardos, pone de relieve su resistencia a la fatiga y las grandes ventajas de una gimnasia sólida y completa."

En la misma fecha, el director, teniente coronel Julio C. Costa, expresó:

"Es claro, correcto y enérgico al dar las órdenes de combate, las que son completas y amoldadas a la situación. Ha educado a sus subordinados bastante bien en lo relativo a las órdenes de combate.

"En lo demás, de acuerdo con las opiniones del señor subdirector."

Capitán	Ascendió	Campo de Mayo 31 XII 24
Capitán	Pasó a la Escuela Superior de Guerra - Alumno del Curso Abreviado	Buenos Aires 15 IV 25

| Capitán | Terminó la Escuela Superior de Guerra | Buenos Aires | 10 VIII 25 |
| Capitán | Escuela de Suboficiales - Comandante de la 1ª Compañía | Campo de Mayo | 11 VIII 25 |

El subdirector de la Escuela, mayor Luis Olavarría, el 6 de noviembre de 1925, lo calificó:
"Es un modelo como oficial y comandante de unidad. Tiene una excelente preparación profesional que ha aumentado este año en el curso de la Escuela de Guerra, con óptimos resultados.
"Se caracteriza por su gran contracción a las tareas, amor al servicio, sentimiento del deber y acendrado espíritu militar.
"Su acción y trabajo no sólo se han circundado a su compañía, sino que han sido benéficos en toda la Escuela. Es muy empeñoso de sí mismo, de correctísima educación y modales, irreprochable caballero y excelente camarada. Sobresaliente".
Igualmente, el director de la Escuela, teniente coronel Julio C. Costa, expresó: "Estudioso, preparado, muy bien orientado e inteligente. Cuida con gran esmero la preparación, salud y energía de su tropa a la que en todo le da el ejemplo, por lo que tiene ante ella un visible ascendente. De elevada moral militar, muy disciplinado y respetuoso, caballeresco y excelente camarada. Es correctísimo en el uniforme. Ha hecho un culto tal de su profesión que para él, ella está sobre intereses y pasiones. Sobresaliente".

| Capitán | Escuela Superior de Guerra - Alumno del 1er Curso | Buenos Aires | 12 III 26 |

El 30 de noviembre de 1926, el coronel director Guillermo Valotta, dijo: "Es un oficial que reúne eximias condiciones generales y militares y a quien auguro un excelente porvenir, me merece un elevadísimo concepto. Sobresaliente".
El mismo jefe reiteró la calificación en 1927 y 1928.

| Capitán | Escuela Superior de Guerra - Aprobó el 1er Curso y pasó al 2º Curso | Buenos Aires | 2 XII 26 |
| Capitán | Escuela Superior de Guerra - Alumno del 3er Curso | Buenos Aires | 15 XI 27 |

Del 23 de octubre al 6 de noviembre de 1928, concurrió como alumno de la Escuela, al viaje final de instrucción a la frontera Noroeste (provincia de Jujuy).

Capitán	Escuela Superior de Guerra - Aprobó el 3er Curso	Buenos Aires	19 XI	28

En el año 1928 fue campeón del Ejército en espada de combate.

Capitán	Oficial de Estado Mayor	Buenos Aires	12 I	29
Capitán	Estado Mayor General del Ejército como Oficial de Estado Mayor	Buenos Aires	26 II	29

El 25 de noviembre de 1929, el coronel Francisco Fasola Castaño, subjefe B en el Estado Mayor General del Ejército, dijo: "Es un oficial correcto, distinguido y educado. Es un excelente colaborador por su iniciativa, inteligencia y actividad. Tiene una gran preparación militar, que ha puesto de manifiesto en un libro que sobre historia militar va a publicar. Tiene el culto del deber y del honor, dando la impresión de ser un perfecto caballero. Es un oficial de juicio seguro e inspira absoluta confianza. Sobresaliente". Con fecha 30 de noviembre de 1929, el general de brigada Francisco M. Vélez, jefe del Estado Mayor, confirmó la alta calificación: "Oficial de Estado Mayor muy inteligente y de gran espíritu profesional, posee cualidades para destacar su personalidad militar. Es oficial digno de toda confianza y apto para cualquier servicio de Estado Mayor. Sobresaliente." En orden de mérito relativo: tercero entre siete.
El mismo jefe lo calificó "sobresaliente" el 9 de septiembre de 1930.

Capitán	Secretaría del Ministerio de Guerra	Buenos Aires	12 IX	30

El jefe de la Secretaría del Ministerio de Guerra era el teniente coronel Enrique Rottjer.

Capitán	Escuela Superior de Guerra - Nombrado Profesor de Historia Militar en el Curso 1.B.	Buenos Aires	1	XII 30

El 13 de octubre de 1930, el subjefe B del Estado Mayor General del Ejército, coronel Francisco Fasola Castaño, reiteró: "Oficial distinguido y educado, excelente camarada, de gran preparación general y militar, que aumenta día a día. Inteligente, trabajador, incansable y hábil. Cuando se le confía un trabajo o misión cualquiera se debe estar seguro que lo desempeña a fondo, con habilidad, rapidez e inteligencia. En el terreno se orienta y conduce con eficacia. Tiene un conjunto de cualidades que lo hacen realmente un oficial sobresaliente que conviene hacer avanzar para bien del Ejército. Sobresaliente".

El coronel Miguel Duval, director de la Escuela, el 10 de noviembre de 1931, expresó: "Excelente oficial y de mucho porvenir. Ha dictado la cátedra de Historia Militar en el curso I B a entera satisfacción, demostrando una sólida preparación, gran capacidad de trabajo, juicioso y claro criterio. Es muy inteligente y correctísimo. Será un jefe destacado. Sobresaliente".

Mayor	Ascendió	Buenos Aires	31 XII 31
Mayor	Ayudante de Campo del Ministro de Guerra, sin perjuicio de sus funciones	Buenos Aires	22 II 32
Mayor	Escuela Superior de Guerra - Profesor de Historia Militar en el 2° Curso	Buenos Aires	4 X 32

El coronel Enrique Pierrestegui, su superior en la Escuela, afirmó el 15 de noviembre de 1932: "Este jefe ha demostrado poseer condiciones especiales para el profesorado. Muy inteligente, estudioso y trabajador. Dicta su materia (Historia Militar en el curso I B) con mucho interés y causa verdadero agrado verlo exponer. Ha obtenido excelentes resultados en su curso".

El teniente coronel Enrique Rottjer, en la misma fecha, escribió: "Distinguidísimo jefe y destacado profesor de Historia Militar. A su gran dedicación y acendrado espíritu crítico une una tenacidad y perseverancia al estudio muy encomiables. Tiene iniciativas oportunas y eficaces, espíritu reflexivo y equilibrado, ecuánime y justiciero, correctísimo y subordinado, irreprochable su porte y excelente camarada. Le auguro a este jefe un brillante porvenir en la carrera. Sobresaliente".

Por nota del 1° de septiembre de 1931, el coronel Miguel Duval, director de la Escuela Superior de Guerra, remitió un ejemplar de la obra *El frente oriental de la Guerra Mundial en 1914,* por el capitán Juan Perón. El jefe del Estado Mayor, coronel Benedicto Ruzo, expresó que dicha obra "constituye un valioso aporte al estudio crítico de la historia de la guerra", asimismo, que "contiene valores muy apreciables por las interesantes enseñanzas que proporciona, constituyendo, además, una verdadera adquisición para la bibliografía militar nacional".

Por nota del 29 de abril de 1935, el mayor Juan Perón elevó al Inspector General del Ejército, una nota remitiendo dos ejemplares de su obra *Apuntes de historia militar (Parte teórica)* y *Apuntes de historia militar - Guerra ruso-japonesa de 1904-1905* (tomos I y II).

Con fecha 24 de abril de 1939, se dispuso agregar al legajo del teniente coronel Perón una copia de su libro *Las operaciones en 1870*.

Mayor	Cesa en sus funciones como Ayudante de Campo del Ministro de Guerra	Buenos Aires	15 XII 32

Con fecha 15 de noviembre de 1933, el ministro de Guerra, general de brigada Manuel Rodríguez, expresó: "Reitero mi juicio anterior, que dice: Por su inteligencia, contracción al trabajo y un conjunto armónico de condiciones generales y militares, es un oficial destacado. Infatigable, rápido en la concepción y en lo que emprende, tiene condiciones especiales para Oficial de Estado Mayor. Ha dictado su cátedra en la Escuela Superior de Guerra no obstante sus tareas de ayudante, cumpliendo éstas en forma ejemplar. Excelente camarada. Oficial de gran porvenir. Sobresaliente".

El 15 de noviembre de 1934, el teniente coronel Rottjer, subdirector de la Escuela, reafirmó la sobresaliente calificación: "Distinguidísimo jefe que se destaca por sus brillantes condiciones militares y que está llamado a ocupar altos cargos en el Ejército, para bien del servicio. Muy inteligente, de vasta cultura, trabajador infatigable, estudioso y perseverante, tenaz, de refinada educación, de criterio amplio y seguro, discreto, leal, excelente camarada y de sana ambición. Tiene todas las condiciones que constituyen una personalidad bien definida. Su desempeño como profesor es sobresaliente. Demuestra siempre un claro concepto del deber y un acentuado espíritu de colaboración".

Al año siguiente, Rottjer escribió: "Distinguidísimo y completo oficial de Estado Mayor. En la cátedra que ejerce demuestra valiosos y refinados conocimientos histórico-estratégicos, espíritu analítico, criterio amplio, en todo intachable, concepción aguda, juicios firmes y seguros, ecuánime y justiciero en sus opiniones. Es esencialmente laborioso, muy inteligente, cumplido caballero, enérgico y subordinado, muy escrupuloso y prolijo. Posee en grado superior todas las calidades más destacadas para alcanzar las más altas situaciones en la profesión. Sobresaliente".

Participó del viaje final de instrucción de la Escuela, a la provincia de Neuquén, del 5 al 28 de enero de 1935.

Mayor	Agregado Militar a la Embajada de la República en Chile	Santiago de Chile	22 I 36	

El 24 de agosto de 1936, el general de división Nicolás Accame, jefe del Estado Mayor General del Ejército, expresó: "En los dos meses que lleva de Agregado Militar demostró poseer extraordinarias aptitudes para el cargo. Sus frecuentes, extensas y atinadas informaciones y observaciones demuestran su clara inteligencia, excelente criterio y espíritu de trabajo. Excelente camarada".
El nuevo jefe del Estado Mayor General, general de brigada Abraham Quiroga, el 15 de noviembre de 1936, escribió: "En dos meses y medio he podido apreciar su gran dedicación al cargo de Agregado Militar en Chile, su clara visión y gran inteligencia, que reflejan sus numerosos informes".
Al año siguiente, Quiroga escribió en la foja de servicios del teniente coronel Perón: "De grandes dotes personales y profesionales. Inteligencia clara y criterio excelente. Muy trabajador. Es un excelente colaborador. Sus informes demuestran gran dedicación, gran espíritu de observación y mucho criterio aplicativo. De felices iniciativas, ha organizado un excelente servicio de informaciones. Me merece el más alto concepto. Sobresaliente".

Teniente coronel	Ascendió	Santiago de Chile	31 XII 36	
Teniente coronel	Agregado Militar y Aeronáutico a la Embajada de la República en Chile	Santiago - Chile	7 IV 37	
Teniente coronel	Estado Mayor General del Ejército como Oficial de Estado Mayor	Buenos Aires	24 III 38	
Teniente coronel	Estado Mayor General del Ejército - Jefe de la 3ª División	Buenos Aires	25 III 38	
Teniente coronel	Profesor de "Operaciones Combinadas" en la Escuela de Guerra Naval, sin perjuicio de sus funciones	Buenos Aires	7 V 38	

Participó del viaje final de reconocimiento al Sur, recorriendo la frontera Oeste y Comodoro Rivadavia, del 8 al 29 de noviembre de 1938.

Con fecha 3 de enero de 1939, el coronel Juan Carlos Sanguinetti, jefe de la 3ª División en el Estado Mayor General del Ejército, expresó: "Mantengo la calificación del 15-XI-38, que dice así: Jefe inteligente, de amplia preparación, dotado de muy buen criterio; reflexivo y sumamente laborioso. Estas encomiables cualidades le han permitido realizar y terminar en plazo notablemente reducido la Memoria sobre la Potencialidad de Chile, con amplios datos y juiciosas apreciaciones de considerable valor para el estudio del Plan de Operaciones. De carácter franco y leal; correctísimo en todos sus actos. Lo considero un jefe de muy destacadas cualidades. Sobresaliente".

Su superior inmediato, el teniente coronel Luis Perlinger, el 14 de febrero de 1939, lo calificó: "Distinguido y brillante oficial de Estado Mayor. Inteligente, de vasta y sólida ilustración profesional y general, con carácter firme aunque amable en la forma, muy trabajador y de gran rendimiento, posee excelente criterio. De carácter alegre y franco y muy educado, es un excelente camarada".

Teniente coronel	En comisión como integrante de la Comisión para la preparación del nuevo Reglamento de los Comandos Superiores	Buenos Aires	6 II	39
Teniente coronel	Cesa en sus funciones de Profesor en la Escuela de Guerra Naval y como integrante de la Comisión	Buenos Aires	15 II	39
Teniente coronel	Nombrado en misión de estudio en el extranjero	Italia	15 II	39

El teniente coronel Virginio Zucal, agregado militar y aeronáutico en Italia, lo calificó en noviembre de 1940: "Las referencias verbales que las autoridades militares italianas me han hecho sobre el teniente coronel Perón y el informe producido por él mismo al terminar los cursos de la Escuela de Alpinismo de Aosta, confirman las conocidas condiciones sobresalientes de este jefe, tanto en lo intelectual como en lo militar. Excelente camarada, ha sabido siempre prestigiar la institución a que pertenece".

En el legajo figura la siguiente traducción "del concepto del teniente coronel D. Juan Perón, formulado por el general de división D. Ugo Santovito, comandante de la 2ª División Alpina Tridentina:

"El teniente coronel del Ejército Argentino D. Juan Perón ha prestado servicio en este Comando desde el 1º de julio hasta el 27 de agosto del corriente año [1939].

"Correctísimo en la forma, siempre impecablemente militar, distinguido en el modo, simpático y cordial en el trato, supo ambientarse muy pronto.

"Estudioso, ya profundo conocedor de arte militar, con largo y constante trabajo cotidiano aplicó su atención sobre todo lo que concierne al empleo de una gran unidad alpina y al funcionamiento del comando de la gran unidad misma.

"Ha sido en verdad sumamente interesante ver cómo este oficial haya logrado, con rápido proceso de asimilación, pasar de las características de la guerra en los Andes a las de la guerra en nuestros Alpes y consiguientemente compenetrarse en materia de efectivos, normas de empleo, organizaciones y funcionamiento del comando de nuestras grandes unidades alpinas.

"Además del trabajo de gabinete, este jefe presentó algunas ejercitaciones de batallón y siguió toda la maniobra divisionaria, llevada a cabo en zona de alta montaña en condiciones atmosféricas desfavorables, compartiendo como buen camarada y buen soldado, fatigas e incomodidades con los demás oficiales del comando y formándose un juicio de todos los detalles de la maniobra.

"Mucho, y en forma por demás interesante, este jefe nos ha hablado de las cosas de su país y, descendiente de antepasados italianos, ha querido siempre simpáticamente demostrar el apego que siente por Italia. En mí, como en todos los oficiales del Comando, el teniente coronel Perón ha dejado la impresión de ser un oficial brillante, culto, excelente camarada y, junto a estas impresiones, el deseo de volver a tenerlo entre nosotros para que pueda completar y ahondar el estudio emprendido".

Con fecha 8 de enero de 1940, el general de brigada Martín Gras, expresó: "Mantengo la calificación impuesta el año anterior, que dice así: Sus sobresalientes aptitudes profesionales las ha reeditado en las tropas alpinas italianas, demostrando gran capacidad de trabajo, tacto, discreción y excelentes condiciones intelectuales y físicas. Obtendrá, sin duda alguna, gran provecho en sus estudios, dada su reconocida capacidad y ejemplar dedicación a todo cuanto se refiere a la profesión. Sobresaliente".

El jefe del Estado Mayor General, general Rodolfo Márquez, con fecha 8 de diciembre de 1940, escribió: "Distinguido oficial de Estado Mayor, correcto en su procederes, respetuoso y de elevado amor propio, posee un claro criterio, inteligencia vivaz y un gran amor profesional. Por sus relevantes aptitudes militares y sólida preparación, es un elemento de ponderable valor, acreedor al más elevado concepto".

| Teniente coronel | Centro de Instrucción de Montaña como Oficial de Estado Mayor | Mendoza | 8 I 41 |

Realizó un curso de perfeccionamiento de esquí en Puente del Inca, durante el mes de julio de 1941.

| Teniente coronel | Director Interino del Centro de Instrucción de Montaña | Mendoza | 17 VI 41 |

El inspector general del Ejército, general de división Luis Ángel Cassinelli, el 15 de noviembre de 1941, lo calificó: "Como Director del Centro de Instrucción de Montaña, se ha desempeñado con gran laboriosidad, competencia, tacto y corrección orientando vigorosamente las actividades y la instrucción en la cordillera; y acreditando aptitudes excelentes para esa difícil especialidad de montaña, que conoce y practica con previsión, entusiasmo, método y firmeza. Ha colaborado muy eficazmente con la División Organización del Estado Mayor General y en la preparación de reglamentos para completar los existentes. Es un oficial de Estado Mayor de sobresalientes aptitudes y gran porvenir; su vasta cultura, elevada moral, gran rendimiento de trabajo, perspicacia, decisión y prendas personales, lo caracterizan como uno de los jefes más completos y eficientes en el grado".
Participó en los ejercicios finales en la Cordillera (Laguna Diamante), del 22 al 28 de febrero de 1942.

| Teniente coronel | Inspección de Tropas de Montaña como Oficial de Estado Mayor | Buenos Aires | 18 III 42 |
| Coronel | Ascendió con anterioridad al 31-XII-41 | Buenos Aires | 30 VI 42 |

Fue Director de los Cursos Especiales de Alta Montaña e Invierno, en Puente del Inca, del 5 de agosto al 4 de octubre de 1942.

| Coronel | Inspección de Tropas de Montaña | Buenos Aires | 15 XI 42 |

Con fecha 7 de junio de 1943, el inspector general del Ejército, general de brigada Edelmiro J. Farrell, señaló: "Me merece el más alto concepto, por sus condiciones intelectuales, morales, sus conocimientos militares y generales, su cultura y caballerosidad. Sobresaliente".

Coronel	Secretaría del Ministerio de Guerra	Buenos Aires	8 VI 43
Coronel	Se considera como servicio de Estado Mayor las funciones desempeñadas como jefe de la Secretaría del Ministerio de Guerra	Buenos Aires	13 IX 43
Coronel	Presidente del Departamento Nacional del Trabajo, sin perjuicio de sus funciones	Buenos Aires	27 X 43

El 15 de noviembre de 1943, el ministro de Guerra, general de brigada Edelmiro J. Farrell, expresó: "Me merece el más alto concepto por sus condiciones intelectuales, morales, sus conocimientos militares y generales, su cultura y caballerosidad. Trabajador eficientísimo y abnegado. Colaborador de gran mérito. Sobresaliente".
Pasó a revistar en el artículo 30 inciso c) de la Ley 9.675 de Cuadros y Ascensos, con anterioridad al 26-II-44.

Coronel	Secretario de Trabajo y Previsión	Buenos Aires	1 XII 43
Coronel	Ministro de Guerra interino	Buenos Aires	24 II 44
Coronel	Ministro de Guerra	Buenos Aires	4 V 44

Viajó a la ciudad de Córdoba para visitar dependencias del Ejército, del 28 al 31 de mayo de 1944.
Inauguró la "Cátedra de Defensa Nacional" del curso de la Escuela Superior Universitaria de la Universidad de La Plata, el 10 de junio de 1944.
Viajó a bordo del vapor "Ciudad de Buenos Aires", con destino a Paraná (Entre Ríos), del 15 al 19 de junio de 1944.
En su carácter de Vicepresidente de la Nación, viajó a Mendoza en avión, el 8 de julio de 1944, para imponer a la imagen de Nuestra Señora del Carmen de Cuyo la bandera y faja de capitanas.
Viajó a Rosario, como Secretario de Trabajo y Previsión, para la inauguración del Hospital Regional para Ferroviarios, el 23 de agosto de 1944.

Viajó a Córdoba para visitar la Fábrica Militar de Pólvoras y Explosivos, y a presenciar los ejercicios finales y maniobras, realizados en Villa María y en Pampa de Olaen, del 27 de octubre al 2 de noviembre de 1944.

Coronel	Vicepresidente de la Nación con retención de los cargos de Ministro de Guerra y de Secretario de Trabajo y Previsión	Buenos Aires	7	VII 44

Con motivo de la visita oficial realizada por el presidente Farrell al Paraguay, Perón quedó, del 9 al 21 de agosto de 1945, en ejercicio del Poder Ejecutivo.

Coronel	Renunció a los cargos de Vicepresidente de la Nación, Ministro de Guerra y Secretario de Trabajo y Previsión	Buenos Aires	10 X	45
Coronel	A retiro a su solicitud	Buenos Aires	17 X	45
Coronel	Alta - A disponibilidad	Buenos Aires	17 X	45
General de brigada	Ascendió	Buenos Aires	31 XII	45
General de brigada	Presidente de la Nación	Buenos Aires	4	VI 46

Esposas: Aurelia Tizón (fallecida en 1938); María Eva Duarte (segundas nupcias, fallecida en 1952): María Estela Martínez (terceras nupcias)

O. E. P.26710/931 (D.G.P.)

//////Coronel Ingeniero Militar Enrique Jaúregui, Director General del Personal,

Al Señor Director de la Escuela Superior de Guerra.-

     Habiendo resuelto S.E. el Señor Ministro de Guerra fojas 5, que la obra de carácter militar "EL FRENTE ORIENTAL DE LA GUERRA MUNDIAL EN 1914", sea agregada al legajo personal de su autor Capitán de Estado Mayor D. Juan Perón, remito al Señor Director el presente expediente, solicitándole quiera servirse recabar del citado Oficial otro ejemplar de la misma obra, para el legajo personal duplicado, de conformidad con lo determinado por el N° 2 de la Resolución del 27 de Noviembre ppdo., inserta en el Boletín Militar 2631 2a. Par
    Solicítole al mismo tiempo la devolución del presen expediente y adjunto ejemplar de la obra citada, con el enterado del Capitán de Estado Mayor D. Juan Perón, para su agregación al legajo original.-

     Capital Federal, 18 de Diciembre de 1931.-

  (Sello)   (Fdo.) Enrique Jaúregui
  D.G.P.
        Coronel-Ingeniero Militar
        Director General del Personal

    Enterado:
     (Fdo.) Juan Perón
     Capitán

De1/////

J. D. Perón, autor del libro
El Frente Oriental en la Guerra Mundial de 1914.
Escuela Superior de Guerra, 1931.

///Coronel de Estado Mayor Miguel Duval, Director de la Escuela Superior de Guerra, al señor Director General del Personal.-

En cumplimiento a lo ordenado precedentemente se remite un ejemplar de la obra "El Frente Oriental en la Guerra Mundial" del Capitán D. Juan Perón; con destino a su legajo personal original, habiéndose agregado otro ejemplar al legajo personal duplicado que obra en esta Escuela Superior.-

Buenos Aires, 4 de enero de 1932.-

(Sello)
E.S.G.

(Fdo.) Miguel Duval
Coronel de Estado Mayor
Director

Buenos Aires, 8 de enero de 1932.

De acuerdo con lo dispuesto a fojas 6, agréguese este expediente al legajo personal duplicado del Mayor D. Juan Perón, conjuntamente con un ejemplar de la obra de referencia.

J. D. Perón, autor del libro
El Frente Oriental en la Guerra Mundial de 1914.
Escuela Superior de Guerra, 1931. (Cont.)

Calificación del coronel Pierrestegui al mayor Perón.
Escuela Superior de Guerra, diciembre de 1932.

Calificación del coronel Pierrestegui al mayor Perón.
Escuela Superior de Guerra, diciembre de 1932. (Cont.)

Calificación del teniente coronel Rottjer al mayor Perón, profesor de la Escuela Superior de Guerra. Noviembre de 1935.

Calificación del teniente coronel Rottjer al mayor Perón,
profesor de la Escuela Superior de Guerra.
Noviembre de 1935. (Cont.)

Calificación del general Accame al mayor Perón, agregado militar en Chile. Agosto de 1936.

Calificación del general Accame al mayor Perón, agregado militar en Chile. Agosto de 1936. (Cont.)

Calificación del general Quiroga al mayor Perón,
Buenos Aires, noviembre de 1937.

Calificación del general Quiroga al mayor Perón,
Buenos Aires, noviembre de 1937. (Cont.)

Calificación del general Sanguinetti al teniente coronel Perón,
Buenos Aires, 1938.

Calificación del general Sanguinetti al teniente coronel Perón, Buenos Aires, 1938. (Cont.)

Calificación del general Sanguinetti al teniente coronel Perón, Buenos Aires, 1939.

Calificación del general Sanguinetti al teniente coronel Perón, Buenos Aires, 1939. (Cont.)

Calificación del teniente coronel Perlinger al teniente coronel Perón, Buenos Aires, febrero de 1939.

Calificación del teniente coronel Perlinger al teniente coronel Perón, Buenos Aires, febrero de 1939. (Cont.)

Agregado Militar y Aeronáutico
a la Embajada de la República Argentina en
Italia

CONCEPTO DEL
TENIENTE CORONEL D. JUAN PERON

Incorporado al Ejército italiano en los siguientes destinos:

Comando de la División Alpina "Tridentina" desde el 1º de julio hasta el 1º de octubre de 1939.

Comando de la División de Infantería "Pinerolo" desde el 1º de octubre de 1939.

Este jefe ha participado en los Ejercicios finales de la División alpina y en otras actividades demostrando capacidad, tacto discreción y condiciones físicas sobresalientes, que le han permitido seguir paso a paso los movimientos de las tropas en las montañas.

En una visita que hice al Comando he recibido del Comandante de la División y del Jefe del Estado Mayor los más elogiosos comentarios sobre la conducta de este jefe.

Roma, 1º de octubre de 1939.

Fdo: Virginio Zucal
Teniente Coronel
Agregado Militar y Aeronáutico

Es copia fiel del original.

Buenos Aires, 18 de noviembre de 1939

Osvaldo B. Martín
Coronel
JEFE DE LA DIVISION II

Perón en Italia. (1939)

Boletín Militar Reservado

N° 1516

Buenos Aires, 12 de enero de 1940.

Aprobando una resolución del Tribunal Superior de Honor.

Buenos Aires, 10 de enero de 1940.—Visto las presentes Actuaciones (R. 1595/39, M. 350/39 M. de G. y R. 2786/39 Rdo. D. G. P.), la resolución del Tribunal Superior de Honor constituido para juzgar la conducta del Señor Coronel D. ENRIQUE I. ROTTJER y Teniente Coronel D. JUAN PERON y de conformidad con lo prescripto en el N° 120 del Reglamento de los Tribunales de Honor (R. R. M. 70),

El Ministro de Guerra—

RESUELVE:

1° Apruébase la resolución del Tribunal Superior de Honor, por la cual se declara que no es de su competencia el caso planteado, por no estar encuadrado en ninguno de los incisos de los Nos. 41 y 42 del Reglamento de los Tribunales de Honor (R. R. M. 70), dictada de acuerdo con lo preceptuado por el N° 81 del citado reglamento.

2° Se observa al Señor Coronel D. ENRIQUE I. ROTTJER y Teniente Coronel D. JUAN PERON, por la omisión en que han incurrido al no haber incluido en la nota bibliográfica de la obra de referencia, a la publicación del Señor General de Brigada D. JUAN M. MONFERINI, dando con ello lugar a dudas sobre la corrección de procederes que corresponde a un oficial.

3° Los Señores, Coronel D. ENRIQUE I. ROTTJER y Teniente Coronel D. JUAN PERON, subsanarán la omisión cometida mediante la publicación de la aclaración correspondiente.

4° Comuníquese, publíquese en el BOLETÍN MILITAR RESERVADO y vuelva a la Dirección General del Personal a efectos de lo establecido en el N° 126 del citado Reglamento (R. R. M. 70).—MARQUEZ.

Lo que se comunica al Ejército, por Resolución de S. E. el Señor Ministro de Guerra.

VICTOR MAJO
Coronel
Jefe de la Secretaría del Ministerio.

Perón y Rottjer superan un incidente planteado por el general Monferini. (1940)

Calificación del general Márquez al teniente coronel Perón,
Buenos Aires, noviembre de 1940.

Calificación del general Márquez al teniente coronel Perón,
Buenos Aires, noviembre de 1940. (Cont.)

Calificación del general Farrell al coronel Perón,
Buenos Aires, 15 de noviembre de 1942.

Calificación del general Farrell al coronel Perón, Buenos Aires, 15 de noviembre de 1942. (Cont.)

Calificación del general Farrell al coronel Perón,
Buenos Aires, 7 de junio de 1943.

Calificación del general Farrell al coronel Perón,
Buenos Aires, 7 de junio de 1943. (Cont.)

Calificación del general Farrell al coronel Perón,
Buenos Aires, 15 de noviembre de 1943.

Calificación del general Farrell al coronel Perón, Buenos Aires, 15 de noviembre de 1943. (Cont.)

Calificación del general Farrell al coronel Perón,
Buenos Aires, 23 de febrero de 1944.

1) Servicios y destinos desde la anterior calificación hasta la fecha.

GRADO	DESTINO	LUGAR	Día	Mes	Año	Campaña	Guarnición
Cnl.	Jefe de la Secretaría del Ministerio de Guerra	Buenos Aires	16	X	943		
	Nombrado Secretario de Trabajo y Previsión (B. Om. N° 527)	Buenos Aires	1°	XII	943		
	Nombrado Ministro de Guerra interino (B. Om. N° 118)	Buenos Aires	24	II	944		

j) Antecedentes sobre estado económico del Oficial desde la anterior calificación hasta la fecha (anexos ....) (1).

No existen antecedentes desfavorables

k) Clasificación de aptitudes.

APTITUDES	Clasificación
Morales de Carácter	Sobresaliente
" " Espíritu Militar	Sobresaliente
" " Conducta	Sobresaliente
Intelectuales de Instrucción	Sobresaliente
Competencia en el mando	Sobresaliente
" " Gobierno	Sobresaliente
" en la Administración	Sobresaliente
Físicas	Sobresaliente

Referencias y documentos que justifican la Clasificación: Agréguense en el informe destinado al archivo en la unidad como anexos numerados cronológicamente, los duplicados de los partes de inspección y, en general, los de todo documento producido entre la fecha del anterior informe y la del presente, que justifiquen la clasificación. En el informe destinado a la D. G. P. se agregarán, sin numerar, los partes de inspección originales. La D. G. P., al recibir el informe, agregará a él, los demás documentos que obren en su poder (B. M. 1784).

l) Juicio concreto sobre el Oficial.

Que merece el más alto concepto (Juicio correspondiente a tres meses y ocho días)

II) Clasificación Sintética: Sobresaliente
m) Orden de mérito relativo .... entre ....
n) ¿Se le supone apto para desempeñar el grado inmediato superior?
Enterado (2) excepto m) y n) .... Buenos Aires, 23 de febrero de 1944

Calificación del general Farrell al coronel Perón,
Buenos Aires, 23 de febrero de 1944. (Cont.)

> DIRECCION GENERAL DEL PERSONAL
> II. DIVISION
>
> Buenos Aires, 17 de octubre de 1945.-
>
> Visto el presente expediente reservado P.1142/945 "Corresponde 4" (M.G.) -Rdo.F.6474/945 (D.G.P.), lo propuesto por el Ministro de guerra, y
>
> CONSIDERANDO:
>
> Que el Señor Coronel de Infantería D. JUAN DOMINGO PERON solicita se le conceda su pase a situación de retiro;
>
> Que el citado Oficial Superior se halla comprendido en lo determinado por los artículos 185, 186 - inciso 1º-, 195 y 205 del decreto-Ley Orgánico del Ejército (BB.MM.FF. 318 y 543) y Nº 48 de su Reglamentación parcial, correspondiente a "Retiros" (B.M.P.365 - Anexo);
>
> Que los servicios prestados por el mismo alcanzan a un total de 40 años, 10 meses y 8 días (CUARENTA AÑOS, DIEZ MESES Y OCHO DIAS) según el siguiente cómputo: 12.650 días (DOCE MIL SEISCIENTOS CINCUENTA DIAS) de servicios simples y 2.258 días (DOS MIL DOSCIENTOS CINCUENTA Y OCHO DIAS de abono de campaña;
>
> EL PRESIDENTE DE LA NACION ARGENTINA
> D E C R E T A
>
> Artículo 1º.- Declárase en situación de retiro, a su solicitud, al Señor Coronel de Infantería D. JUAN DOMINGO PERON (C.1895, M.Nº 0.029.827, D.M. "Bs.As. Sec.I/II"-Cta.Cte. FCCRFM Nº 355 - R.F.C.A.N. Nº 652.965), del artículo 30, inciso c) de la extinguida Ley Nº 9675 de Cuadros y Ascensos (R.L.M.4), con goce del sueldo íntegro de su grado.
>
> Artículo 2º.- Pase a la Contaduría General de la Nación a sus efectos, publíquese en síntesis en el Boletín Militar Reservado, comuníquese y agréguese al legajo personal del expresado Oficial Superior.
>
> DECRETO Nº.25718.   Fdo.) E.J.FARRELL.
>   "   ) EDUARDO AVALOS.
>
> SE INSERTO EN SINTESIS EN EL BOLETIN MILITAR RESERVADO Nº.2408.-
>
> EN LA FECHA SE EXTIENDE ESTA COPIA PARA SER AGREGADA AL LEGAJO PERSONAL "DUPLICADO" DEL CAUSANTE.-
>
> BUENOS AIRES, 10 de junio de 1946.-
>
> Vº Bº
>
> L. MARTINEZ TOLEDO
> TENIENTE CORONEL
> JEFE DE LA II DIVISION
>
> HUE R. GONZALEZ LOPEZ
> Mayor
> Jefe de la Secc. Pers. en Retiro

El coronel Perón pasa a retiro.
Buenos Aires, 17 de octubre de 1945.

EJERCITO ARGENTINO
SECCION GENERAL DEL PERSONAL   C. E.

Buenos Aires, 22 de julio de 1946.

CONSIDERANDO:

Que es necesario resolver la situación del señor General de Brigada D. JUAN DOMINGO PERON a todos los efectos establecidos por el Decreto-Ley Orgánico del Ejército y las Reglamentaciones pertinentes, a raíz de la reincorporación a la actividad y promoción a su grado actual dispuesta por el Decreto-Ley de 29 de mayo de 1946 (Boletín Militar Público Nº 767);

Que en lo referente a su situación a partir del día 4 de junio de 1946, cabe tener en cuenta que el ejercicio de la Presidencia de la Nación importa, por mandato constitucional, el desempeño de la función de Comandante en Jefe de las Fuerzas de Mar y Tierra estando a su cargo disponer de las mismas y correr con su organización y distribución, según las necesidades de la Nación (Artículo 86; incisos 15 a 17 de la Constitución Nacional);

Que, en tales condiciones, se encuentra ejerciendo una función de mando militar, por lo que la situación de revista que le corresponde, es la establecida por el artículo 84, inciso 2) del Decreto-Ley Orgánico del Ejército.

Que en el presente caso no es de aplicación el artículo 86, inciso 5) del citado Decreto-Ley pues, ante las disposiciones constitucionales a que se ha hecho referencia, es evidente que la citada prescripción legal sólo puede comprender funciones electivas que en manera alguna importen ejercicio del mando militar;

Que en lo que respecta a la situación de revista desde el 17 de octubre de 1945, debe tenerse en cuenta que al ser ascendido el 31 de diciembre del mismo año -fecha en que cumplía cuatro años en el grado de Coronel- se consideró computable para el ascenso el período transcurrido entre las fechas mencionadas, por lo que es forzoso encuadrarlo en alguna de las situaciones de revista que autorizan dicho cómputo;

Que de los artículos 86 y 87 del Decreto-Ley Orgánico del Ejército resulta que dicha computación para el ascenso sólo procede en las situaciones previstas por el primero de los artículos mencionados en sus incisos 1, 2, 4 y 6;

Que el señor General PERON no ha estado, durante dicho lapso, en ninguna de las situaciones determinadas en los incisos 2º, 4º y 6º del citado artículo 86;

Que en virtud de los antecedentes expuestos, la solución que surge con toda evidencia es su encuadramiento en el inciso 1º, artículo 86, del Decreto-Ley Orgánico del Ejército,

EL MINISTRO DE GUERRA

RESUELVE:

1º - Considérese que el señor General de Brigada D. JUAN

////////////

Se resuelve la situación militar del general Perón.
Del 17 de octubre de 1945 al 3 de junio de 1946.

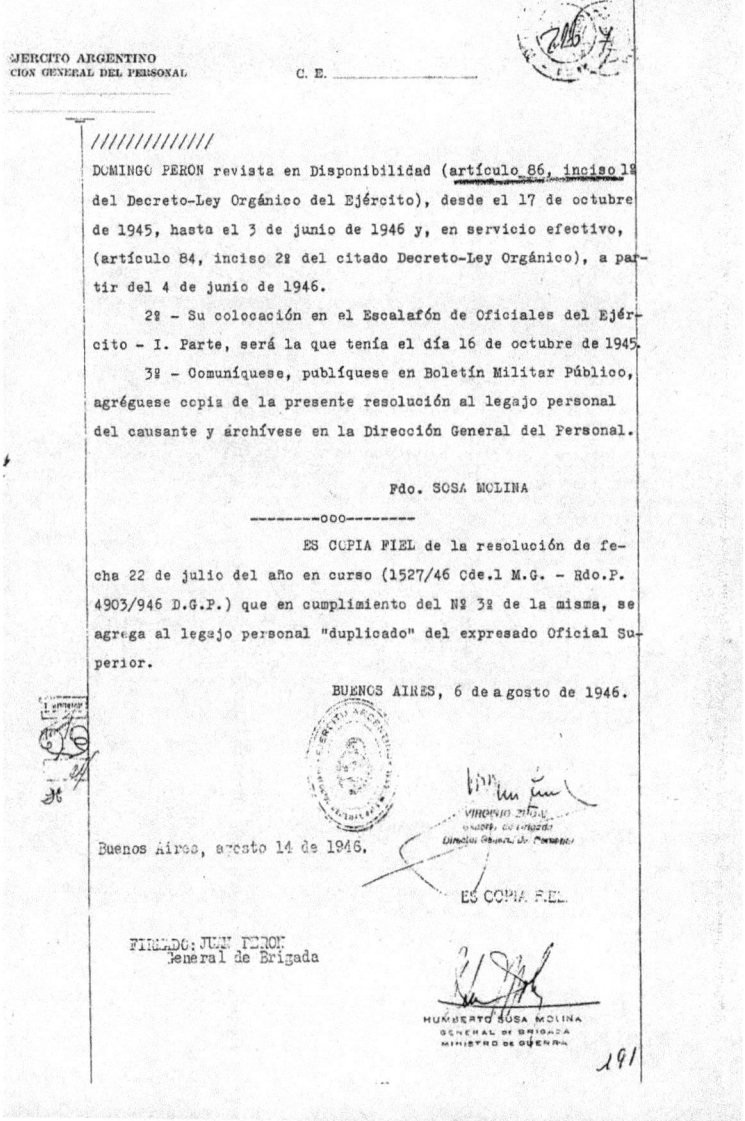

Se resuelve la situación militar del general Perón.
Del 17 de octubre de 1945 al 3 de junio de 1946. (Cont.)

EJERCITO ARGENTINO
DIRECCION GENERAL DEL PERSONAL
II. DIVISION

DUPLICADO
DECRETO DE REINCORPORACION Y ASCENSO.

15656/46 - BUENOS AIRES, 29 de mayo de 1946.

E.M.P. Nº 757.

Visto la presentación que antecede por la que los señores Legisladores Nacionales que la suscriben solicitan se restituya a la actividad con el grado de General de Brigada al Señor Coronel (R.S.R.) D.JUAN DOMINGO PERON, invocando los fundamentos de que instruye la declaración que se acompaña; y

CONSIDERANDO:

Que la petición de que se trata, por emanar de los miembros del grupo legislativo mayoritario de ambas Cámaras, tiene el carácter de una verdadera expresión de anhelos del Honorable Congreso, el que en virtud de la auténtica representación de que ha sido investido en los comicios del 24 de febrero próximo pasado, resume e interpreta en forma indubitable el sentir del pueblo argentino;

Que la ejecución de ese mandato popular implica el cumplimiento de un deber histórico por parte de los Poderes Públicos para con el pueblo y el Ejército de la Nación, devolviéndole en la plenitud de la jerarquía militar al ciudadano que " por darlo todo por la Institución primero y por el pueblo después, supo darse como el que más, a la Patria misma";

Por ello,

EL PRESIDENTE DE LA NACION ARGENTINA EN ACUERDO GENERAL DE MINISTROS-

DECRETA:

Artículo 1º.- Restitúyese a la actividad con anterioridad al día 17 de octubre de 1945, al señor Coronel (R.S.R.) D.JUAN DOMINGO PERON.
Artículo 2º.- Promuévasele al grado de General de Brigada, con anterioridad al día 31 de diciembre de 1945.
Artículo 3º.- Comuníquese, publíquese en el Boletín Militar Público, dése al Registro Nacional, extiéndase el correspondiente despacho y archívese en el Ministerio de Guerra (Dirección General de Personal).-

FARRELL.-HUMBERTO SOSA MOLINA.-LAZARO AVALOS.-FELIPE URDAPILLETA.-JUAN I.COOKE.-JOSE MANUEL ASTIGUETA.-ABELARDO PANTIN. PEDRO S.MAROTA.-JUAN PISTARINI.

Lo que se comunica al Ejército, por resolución de S.E. el Señor Ministro de Guerra.

Fdo) FRANKLIN LUCERO.
Coronel
Jefe de la Secretaría del Ministerio.

EN LA FECHA SE EXTIENDE ESTA COPIA PARA SER AGREGADA AL LEGAJO PERSONAL " DUPLICADO " DEL CAUSANTE.

BUENOS AIRES, 10 de junio de 1946.

Vº Bº

VICTOR L. MARTINEZ TOLEDO
TENIENTE CORONEL
JEFE DE LA II DIVISION D. G. P.

NOE R. GONZALEZ LOPEZ
Mayor
Jefe de la Secc. Pers. en Retiro

Copia del decreto de reincorporación y ascenso
del general Perón, mayo de 1946.

ÁVALOS, EDUARDO JORGE

Nació en Buenos Aires, el 22 de abril de 1892
Promoción 35
Artillería
Falleció el 17 de mayo de 1971

FOJA DE SERVICIOS
Legajo 15.638

Grado	Destino	Lugar	Fecha
Cadete	Colegio Militar	San Martín	21 VI 09

Egresó del Colegio Militar el 31 de diciembre de 1910.
Orden de mérito: 94 sobre 160.

Subteniente	Ascendió	San Martín	31 XII 10
Subteniente	Regimiento 5	Salta	9 I 11
Teniente	Ascendió	Salta	16 IX 13
Teniente	Escuela de Tiro	Campo de Mayo	1 V 15
Teniente	Regimiento 5	Salta	1 IX 15
Teniente 1°	Ascendió	Salta	31 XII 15
Teniente 1°	Distrito Militar 59	Frías (Santiago del Estero)	25 II 16
Teniente 1°	Distrito Militar 46	Río Cuarto	2 I 17
Teniente 1°	Regimiento 1 de Obuses	Campo de Mayo	8 V 18

Desde Campo de Mayo, de 1918 a 1922, fue calificado "sobresaliente" por el general de división Luis J. Dellepiane, comandante de la 2ª División.

Capitán	Ascendió	Campo de Mayo	31 XII 21
Capitán	Ayudante en el Comando de la 2ª División	Campo de Mayo	16 I 23

Capitán	Comisión a la Escuela Superior de Guerra - Curso abreviado de capitanes	Buenos Aires	15 IV 24
Capitán	Ayudante en el Comando de la 2ª División	Campo de Mayo	20 IX 24

Participó de las maniobras en Sierra de los Cóndores (Córdoba), del 16 de octubre al 12 de noviembre de 1925.

Capitán	Escuela de Artillería - Regimiento 2 - Comandante de batallón	Campo de Mayo	20 I 26

En Campo de Mayo, el 27 de noviembre de 1926, el general de brigada Aníbal Vernengo, comandante de la 2ª División, expresó: "Desearía para todas las unidades de la División, un capitán de la talla del calificado por el acierto, contracción y empeño con que se ha desempeñado este oficial".

Mayor	Ascendió	Campo de Mayo	12 I 28

El 27 de noviembre de 1929 solicitó mando de tropas para el año siguiente, siéndole negado el 8 de enero de 1930, por resolución firmada por el ministro de Guerra, general Dellepiane.

Mayor	Jefe del Distrito Militar 43	Córdoba	12 IX 30

Fue designado vocal del Consejo de Guerra Permanente para suboficiales y tropa, con fecha 1º de agosto de 1931.

Mayor	Regimiento 5	Salta	13 VII 32
Teniente coronel	Ascendió	Salta	31 XII 34
Teniente coronel	Inspección General del Ejército - Auxiliar del Inspector de Artillería	Buenos Aires	16 I 35
Teniente coronel	Subdirector de la Escuela de Artillería y Jefe del Regimiento 6 de Artillería	Campo de Mayo	3 VI 36

Teniente coronel	Jefe del Grupo 6 de Artillería de Aspirantes a Oficial de Reserva, sin perjuicio de sus funciones	Campo de Mayo	22 XII 36

En Bahía Blanca, con fecha 15 de noviembre de 1937, el general de división Nicolás Accame, comandante de la 6ª División, dijo: "Es inteligente, poseyendo una sobresaliente preparación en la técnica del arma. Manda con habilidad y energía. Sobresaliente". El 15 de noviembre de 1938, ratificó: "Sigue mereciéndome un alto concepto".
Participó de la concentración de artillería, en Monte (Buenos Aires), del 24 de septiembre al 26 de octubre de 1937.
Participó en la campaña de tiro, en Pampa de Olaen, del 15 de octubre al 11 de noviembre de 1939, y en Villa Mercedes (San Luis), del 10 de octubre al 9 de noviembre de 1940.

Coronel	Ascendió	Campo de Mayo	31 XII 39
Coronel	Centro de Instrucción de Artillería	Buenos Aires	8 I 41

Participó de los ejercicios finales en General Paz (Córdoba), y en Pampa de Olaen, en septiembre y octubre de 1941.

Coronel	Jefe Interino de la Sección Cursos en el Centro de Instrucción de Artillería	Campo de Mayo	18 IX 41
Coronel	Director de la Escuela de Artillería y Jefe del Regimiento 6 de Artillería	Campo de Mayo	27 XII 41

El 15 de noviembre de 1942, el general de brigada Juan N. Tonazzi, ministro de Guerra, lo calificó como director de la Escuela de Artillería: "Es un oficial superior de grandes méritos, inteligente, de probada competencia profesional en incansable actividad. Por sus excepcionales condiciones de mando y conocimientos artilleros resulta personalmente, con su cuadro de oficiales y con su mando, un auxiliar eficientísimo de la Instrucción del arma. Sobresaliente".

Coronel	Pasó a depender de la Inspección de Artillería	Buenos Aires	14 XII 42
Coronel	Inspector de Artillería	Buenos Aires	4 VIII 43

El general de brigada Víctor Jaime Majó, inspector de artillería, el 3 de agosto de 1943, escribió: "En las tareas encomendadas por esta Inspección ha colaborado con claro criterio y muy buen juicio. Me merece un alto concepto".

El general de división Jorge A. Giovaneli, director general de instrucción del Ejército, el 15 de noviembre de 1943, lo calificó: "Oficial superior inteligente y muy activo; tanto por la sólida preparación que posee en la técnica de su arma, así como por sus aptitudes generales está ampliamente capacitado para desempeñarse con éxito en las funciones de Inspector de Artillería. (Juicio correspondiente a 3 meses y 13 días)".

Coronel	Comandante de las Fuerzas del Acantonamiento de Campo de Mayo, El Palomar y San Martín	Campo de Mayo	31 XII 43
General de brigada	Ascendió, con anterioridad al 31-XII-43	Campo de Mayo	5 IV 44

El 15 de noviembre de 1944, el general de división Carlos von der Becke, comandante en jefe del Ejército, lo calificó: "De mucho dinamismo, de iniciativas, de clara inteligencia y de mucha capacidad de resolución, desempeña en forma muy eficiente las tareas a su cargo. Sobresaliente".

En su carácter de comandante de las fuerzas del acantonamiento de Campo de Mayo y jefe de las guarniciones de El Palomar y San Martín, fue calificado por el general de brigada Edelmiro J. Farrell, ministro de Guerra, el 23 de febrero de 1944: "Muy activo, dedicado, excelente preparación, enérgico, franco y de relevantes condiciones de mando. (Juicio correspondiente a un mes y veinte días)".

Por un entredicho con el general de división Arturo Rawson, se constituyó el Tribunal Superior de Honor, que le aplicó a Ávalos "amonestación por falta grave". Por resolución del 18 de marzo de 1944, el coronel Perón, a cargo del Ministerio de Guerra resolvió modificar la resolución del Tribunal por la de "absolución, falta absoluta de culpabilidad, con la expresa constancia de que queda a salvo su buen nombre y honor". Agregaba la resolución: "Recomiéndase al señor general Rawson y al señor coronel Ávalos que, con la hidalguía peculiar de todo oficial argentino, den por terminado este entredicho personal, poniendo de manifiesto el patriótico propósito de mantener, hoy que es más necesario que nunca, la unión y cordialidad del cuerpo de oficiales".

El 6 de junio de 1945, el general de división Carlos von der Becke, comandante en jefe, repitió la calificación y por ende el concepto "sobresaliente".

Desde el 7 de junio de 1945 pasó a depender directamente del ministro de Guerra.

General de brigada	A disponibilidad	Buenos Aires	19X	45
General de brigada	Declarado en situación de retiro	Buenos Aires	16I	46
General de brigada	Dado de alta en retiro activo	Buenos Aires	10III	53

Esposa: Teresa Pertica
Hijos: Jorge Lucio (n. 1926) y Eduardo José (n. 1933)

GRADO	DESTINO (1)	LUGAR	FECHAS (abreviadas)		
			Día	Mes	Año
	de Artillería (B.M.3850-1a.P.)	Buenos Aires	14	XII	42
Coronel	Nombrado Inspector de Artillería (B.M.12350-1ª.Parte)	" "	4	VIII	43
"	La Inspección cambia de guarnición pasando a	Campo de Mayo	24	VIII	43
"	Nombrado Comandante de las Fuerzas del Acantonamiento de Campo de Mayo, El Palomar y San Martín (B.M.R. 2090)	Campo de Mayo	31	XII	43
Grl.Bg.	Ascendió, con anterioridad al 31-XII-43 (B.M.R.2136)	" "	5	IV	44
" "	Cte.de las Fuerzas del Acantonamiento de Campo de Mayo y Jefe de las Guarniciones de El Palomar y San Martín.	" " "	15	XI	44
" "	Disponibilidad (Art. 86, inc. 1°)	Buenos Aires	19	X	945
" "	Declarado en situación de retiro (BL 2458)	" "	16	I	946
" "	Dado de Alta en Retiro Activo (BR 3418)	" "	10	III	953

De la foja de servicios del general Ávalos.

MITTELBACH, ARISTÓBULO EDUARDO

Nació en Santiago del Estero, el 16 de marzo de 1896
Promoción 43
Caballería
Falleció el 3 de julio de 1948

FOJA DE SERVICIOS
Legajo 8.198

Grado	Destino	Lugar	Fecha
Aspirante	Colegio Militar	San Martín	8 IV 15
Cadete	Colegio Militar (becado)	San Martín	23 II 16

Egresó del Colegio Militar el 21 de diciembre de 1918.
Orden de mérito: 50 sobre 62.

Subteniente	Ascendió	San Martín	21 XII 18
Subteniente	Regimiento 10	Campo de Mayo	21 XII 18
Subteniente	Escuela de Suboficiales - Jefe de la Sección Escuadrón	Campo de Mayo	14 I 20
Teniente	Ascendió	Campo de Mayo	31 XII 21
Teniente	Regimiento 4	Villa Mercedes	24 VII 23
Teniente	Escuela de Caballería	Campo de Mayo	19 I 25
Teniente 1º	Ascendió	Campo de Mayo	31 XII 25
Teniente 1º	Alumno en la Escuela Superior de Guerra	Buenos Aires	18 II 29
Teniente 1º	En comisión al Estado Mayor General	Buenos Aires	15 XI 29
Capitán	Ascendió	Buenos Aires	31 XII 29

Capitán	En comisión al Comando de la 2ª División	Campo de Mayo	9 IX 30

El 15 de noviembre de 1930, el coronel Miguel Duval, director de la Escuela ratificó la calificación "sobresaliente", expresando: "Oficial inteligente, muy estudioso, que sigue los estudios con mucho provecho".

Capitán	Secretaría de la Presidencia de la Nación	Buenos Aires	13 V 31
Capitán	Alumno en la Escuela Superior de Guerra	Buenos Aires	15 II 32
Capitán	Comando de la 1ª División - Operaciones	Buenos Aires	19 VIII 33
Capitán	Escuela de Suboficiales - Comandante de Escuadrón	Campo de Mayo	23 I 34
Mayor	Ascendió	Campo de Mayo	31 XII 34
Mayor	2º Jefe del Regimiento 10	Campo de Mayo	9 I 35

El 15 de noviembre de 1935, el coronel Benjamín Menéndez, comandante de la 2ª Brigada de Caballería, en Campo de Mayo, escribió: "Muy correcto, discreto y reposado. Evidencia excelente preparación profesional y buen criterio para aplicar sus conocimientos. Acciona como un colaborador empeñoso hasta el extremo para servir a las decisiones del jefe, en bien del servicio. Sobresaliente."
Participó de las grandes maniobras en Córdoba y San Luis, en octubre de 1936.
El general de división Guillermo J. Mohr, inspector general del Ejército, en el informe de calificación adicional, del 15 de noviembre de 1937, expresó: "En la realización del anteproyecto de movilización 1.938/39 de la 6ª División de Ejército ha puesto en evidencia: inteligencia, gran capacidad de trabajo y una clara comprensión de la fundamental importancia que los problemas de movilización tienen en la preparación para la guerra".

Mayor	En comisión a la Agrupación Aspirantes a Oficiales de Reserva	Campo de Mayo	21 XII 36
Mayor	Comando de la 6ª División - Jefe de la Sección Movilización y Estadística	Bahía Blanca	16 I 37

Nuevamente, el general Mohr, al calificarlo en 1938, expresó: "No obstante los inconvenientes propios de la organización reciente de la 6ª Región Militar, este jefe ha puesto a prueba su capacidad para realizar las tareas de movilización habiendo demostrado inteligencia, empeño y honestidad profesional. Es un colaborador sobresaliente".

Mayor	Comando de Caballería de Ejército	Buenos Aires	20 XII 38
Teniente coronel	Ascendió	Buenos Aires	31 XII 38

El 15 de noviembre de 1939, el general de brigada Benjamín Menéndez, comandante de caballería de Ejército, afirmó: "Es un jefe ejemplar. Sobresaliente".

Teniente coronel	Jefe del Regimiento 10	Campo de Mayo	9 I 40

Participó de los ejercicios finales y maniobras realizadas en Carmen de Areco (octubre de 1940) y en Monte (octubre de 1941) y en diversos lugares de la Provincia de Buenos Aires (octubre de 1942).

El coronel Carlos Kelso, comandante de la 1ª División de Caballería, en Campo de Mayo, con fecha 15 de noviembre de 1942, señaló: "Se ha desempeñado con entusiasmo, iniciativa y energía, demostrando poseer un sano espíritu de colaboración y deseo de actuar por y para el bienestar del servicio. Debe ser más rigurosos en el contralor del desempeño de sus colaboradores. De moral excelente y muy buen camarada. Sobresaliente".

El general Pedro P. Ramírez, comandante de caballería, el 15 de noviembre de 1942, expresó: "La impresión recogida en la visita que realicé a la unidad que comanda este jefe, es de que se trata de un jefe del arma con personalidad bien definida por su carácter firme y espíritu de trabajo. Sobresaliente".

Teniente coronel	Comando de la 1ª División	Buenos Aires	1 II 43
Teniente coronel	Comando de Caballería de Ejército - Jefe de la División Cuartel Maestre	Buenos Aires	4 II 43
Teniente coronel	Jefe de la 1ª Brigada de Caballería	Buenos Aires	22 VI 43
Teniente coronel	Jefe de la Casa Militar de la Presidencia de la Nación	Buenos Aires	18 VIII 43

El 15 de noviembre de 1943, al pasar como jefe de la Casa Militar de la Presidencia de la Nación, el presidente Ramírez no lo calificó por no tener el tiempo mínimo que determina el reglamento

Coronel	Ascendió	Buenos Aires	31 XII 43
Coronel	Jefe interino de la Policía Federal, reteniendo el cargo de jefe de la Casa Militar de la Presidencia de la Nación	Buenos Aires	10 X 45
Coronel	Cesó en sus funciones	Buenos Aires	16 X 45
Coronel	A retiro	Buenos Aires	23 I 46

Esposa: María Olga Martilotti
Hijos: Olga Isabel (n. 1928), Federico Eduardo (n. 1928) y Jorge Luis (n. 1935)

El general Ramírez califica al teniente coronel Mittelbach.
Buenos Aires, 15 de noviembre de 1942.

```
                    -.RESUMEN.-                              2331  8893
        Servicios en Guarnición................: 8.893 Días
             "   "  Campaña....................: 2.331  "
        Total de Servicios Simples..............:11.224 Días
        Abono por Campaña.......................: 2.331  "
        Total de Serv. Mil. Computados..........:13.555 Días
        Equivalente a: TREINTA Y SIETE AÑOS, UN MES
        Y VEINTE DIAS, de Servicios Militares.-
        COMISIONES Y SERVICIOS ORDENADOS QUE NO MODI-
           FICAN EL PRESENTE COMPUTO DE SERVICIOS.-
        S.L.P.-Participó en el viaje final de Ins-
        trucción de la E.S.G. en la Frontera Este, el 26 Oct 932
        S.L.P.-Concurrió a los Ejercicios Finales
        y Maniobras realizadas en Campo de Mayo, el  15 Oct 935
        S.L.P.-Concurrió a las Grandes Maniobras rea-
        lizadas en Córdoba y San Luis, el            16 Oct 936
        S.L.P.-Comisión a la Agrupación A.O.R.(Campo
        de Mayo), el                                 21 Dic  "
        S.L.P.-Concurrió a Ejercicios Finales y Ma-
        niobras en Carmen de Areco, el               18 Oct 940
        S.L.P.-Concurrió a Ejercicios Finales y Ma-
        niobras realizadas en Monte, el              16 Oct 941
        S.L.P.-Concurrió a Ejercicios Finales y Ma-
        niobras realizadas en la Provincia de Bs.As. 17 Oct 942
                        Buenos Aires,    de Diciembre de 1945.-

                    Vº Bº

                SEVERO HONORIO EIZAGUIRRE
                    TENIENTE CORONEL
                 JEFE DE LA I DIVISION DGP.
                                              Transporte
```

Resumen de la foja de servicios del coronel Mittelbach.

BAISI, ALFREDO AQUILES

Nació en Buenos Aires, el 12 de diciembre de 1902
Promoción 46
Artillería
Falleció el 5 de octubre de 1977

FOJA DE SERVICIOS
Legajo 15.720

Grado	Destino	Lugar	Fecha
Cadete	Colegio Militar	San Martín	1 III 18

Egresó del Colegio Militar el 20 de diciembre de 1921.
Orden de mérito: 2 sobre 96.

Subteniente	Ascendió	Buenos Aires	20 XII 21
Subteniente	Regimiento 1	Buenos Aires	23 XII 21

Su superior, el capitán Bernardo Ladvocat, el 10 de noviembre de 1922, lo calificó: "Poco celoso en el cumplimiento de sus obligaciones y un tanto brusco en el trato con la tropa. Defectos imputables a su juventud y que el mando continuado corregirá. Es inteligente y activo. Promete. Muy bueno".

Subteniente	Curso Superior del Colegio Militar	Buenos Aires	1 III 23

El mayor Manuel Savio, jefe del curso, lo calificó: "Inteligente, trabajador incansable; tiene un gran espíritu de investigación. Ha encarado, con excelente criterio, la resolución de complejos problemas técnicos de su arma, y no obstante su corta actuación, ya goza de autoridad en la materia. Su colaboración como jefe de año y como profesor del curso superior es del más alto valor. Concurrentemente y sin desatender sus obligaciones ha dado también instrucción a los cadetes de 4° año. Oficial de gran porvenir. Sobresaliente".

Teniente	Ascendió	Buenos Aires	31 XII	24
Teniente	Profesor del Curso Superior en el Colegio Militar	Buenos Aires	20 I	26
Teniente	Batería del Colegio Militar	Buenos Aires	10 VIII	27
Teniente	Jefe de la Sección 5 del Regimiento 4	Córdoba	16 III	29
Teniente	En comisión en el Grupo de Reconocimiento del Regimiento 6	Campo de Mayo	1 V	29
Teniente 1º	Ascendió (con retroactividad)	Campo de Mayo	31 XII	28
Teniente 1º	Escuela de Artillería - Grupo de Reconocimiento de Artillería	Campo de Mayo	15 XI	29
Teniente 1º	Escuela de Artillería - Comandante de la Sección Meteorológica	Campo de Mayo	16 XI	29
Teniente 1º	Arsenal de San Lorenzo	Borghi	21 I	31

El 18 de julio de 1931 le fue otorgado el título de ingeniero militar

Capitán	Ascendió	Borghi	31 XII	32
Capitán	Comisión de Adquisiciones en el Extranjero	París	24 XI	33

Fue jefe del Grupo Nº 3 en Le Creusot, y jefe de la Sección Nº 1, Subcomisión Nº 2 Artillería y Vehículos, en París.

El 21 de diciembre de 1933, el coronel Francisco Reynolds, jefe del Arsenal San Lorenzo, lo calificó "muy bueno", compartiendo la opinión los jefes inmediatos.

Capitán	Comisión Permanente de Armamentos, dependiente de la Inspección General del Ejército	Capital Federal	20 V	36

Capitán	Escuela de Artillería	Campo de Mayo	16	I	37
Capitán	Escuela de Artillería - 3er batallón Grupo Mixto	Campo de Mayo	21	I	37
Capitán	Dirección General de Material de Ejército	Capital Federal	7	II	38

El 15 de noviembre de 1938, el general de brigada Pedro J. Rocco, director general de Material del Ejército, expresó: "Oficial de excelentes aptitudes generales. De formidable preparación técnica y general. Colaborador muy eficaz, estudioso y trabajador. Serio, correcto, muy buen camarada y subordinado respetuoso. Sobresaliente".

Capitán	2° Jefe del Regimiento 6	Campo de Mayo	14	XII	38
Mayor	Ascendió	Campo de Mayo	31	XII	38
Mayor	Jefe del Grupo Pesado del Regimiento 6	Campo de Mayo	31	XII	38

El 15 de noviembre de 1939, el teniente coronel Eduardo Ávalos, jefe del regimiento, expresó: "Ha sabido inculcar a su personal, su dinámica personalidad y su gran espíritu militar, siendo un sobresaliente instructor de sus oficiales".

Mayor	Director del Arsenal Esteban de Luca	Buenos Aires	9	I	40
Mayor	Relevado del cargo por pedido del Director General de Material del Ejército	Buenos Aires	3	X	40

El coronel Manuel Thorne, director de Arsenales de Guerra, lo calificó el 13 de octubre de 1940, con "muy bueno".
Esa calificación fue confirmada por el general de división Pedro J. Rocco, director general de Material, quien escribió este concepto: "Es un jefe con capacidad y conocimientos generales ponderables. Su colaboración ha sido discreta pero quizás las propias dificultades del cargo le han impedido proceder con mayor serenidad y cordura. Muy bueno".

Mayor	Plana Mayor del Cuartel Maestre General del Interior	Buenos Aires	14	X	40

Mayor	Jefe de la Plana Mayor del Cuartel Maestre General del Interior	Buenos Aires	29 X	40
Mayor	Plana Mayor del Cuartel Maestre General del Interior - División Técnica	Buenos Aires	22 XI	40
Mayor	Jefe de la División Técnica de la Plana Mayor del Cuartel Maestre General del Interior	Buenos Aires	1 III	41

El 12 de marzo de 1941, el coronel Manuel Savio, jefe de la Plana Mayor del Cuartel Maestre General del Interior, señaló: "Su alto sentimiento del deber, su vasta preparación y su gran entusiasmo profesional se mantienen permanentemente al servicio de la Institución representando un verdadero factor de progreso. Es inteligente, serio, empeñoso, subordinado y respetuoso de sí mismo. Sobresaliente".

Mayor	Director del Arsenal Esteban de Luca	Buenos Aires	13 III	41

El 15 de noviembre de 1941, el coronel Hugo Binotti, director de Arsenales de Guerra, expresó: "Como jefe del Arsenal Esteban de Luca ha puesto de manifiesto verdaderas y positivas condiciones de hombre de gobierno y de administración. Sobresaliente".
El general de brigada Horacio Crespo, director general de Material del Ejército, confirmó la alta calificación: "De gran iniciativa e infatigable en el trabajo. Sobresaliente".
El 15 de noviembre de 1942, el general de brigada Jorge Alejandro Giovaneli, director general de Material, expresó: "Muy estudioso, tiene mucha iniciativa y un concepto elevado del cumplimiento del deber. Sobresaliente".

Teniente Coronel	Ascendió	Buenos Aires	31 XII	42

Baisi publicó los siguientes trabajos: *Tirógrafo para el cañón de campaña C. 75 m. 909* (Buenos Aires, 1924); *Medición de la intensidad y dirección del viento y su corrección en el tiro de artillería* (Buenos Aires, 1925); *Nuevo tirógrafo para el cañón de campaña* (Buenos Aires, 1926); *Preparación racional del tiro* (Buenos Aires, 1927); *Preparación del tiro* (San Martín, 1928); *Apuntes de balística exterior racional* (San Martín, 1928);

Probabilidades de tiro (San Martín, 1928); *Manual meteorológico* (Campo de Mayo, 1929); *¿Táctica o técnica?* (Buenos Aires, 1930); *Comentarios balístico-meteorológicos* (Buenos Aires, 1931); *Semáforo automático para tránsito. Autorregulador del tráfico* (Borghi, 1932); *Sitógrafo para la artillería terrestre* (Buenos Aires, 1933); "Del valor moral", 1ª parte: en *Revista Militar,* N° 401, junio de 1934, págs. 1225-1242; 2ª parte: en *Revista Militar* N° 402, julio de 1934, págs. 122-140. (El objeto del trabajo consistía en "analizar la situación moral bajo la cual desarrolla sus actividades en el campo de batalla una masa considerable del Ejército que, por sus características especiales, no combate en el sentido estricto de la palabra"). (Buenos Aires, 1934); *Preparación regular de circunstancias. Método propio* (Monte, 1937); *T.A.C. - Corrector automático de las i.e.a.* (Buenos Aires, 1938); *Preparación del tiro con elementos propios* (Buenos Aires, 1939); *Reflexiones sobre motorización* (Buenos Aires, 1939); *Tablas balísticas secundarias* (Buenos Aires, 1925-1940); *Nuevas reflexiones sobre motorización* (Buenos Aires, 1941); *Puntos de vista para tropas motorizadas reglamentadas en el Ejército Argentino; Manual para tropas motorizadas* (Buenos Aires, 1942).

El 15 de noviembre de 1943, el coronel Julio Checchi, director general de material lo calificó "sobresaliente". En la misma fecha, el general de brigada Juan Carlos Bassi, Cuartel Maestre General del Interior, escribió: "A pesar de no tener el tiempo mínimo reglamentario, dejo constancia que he podido apreciar el prestigio que se desprende de su acción inteligente, serenamente firme, y elevada compenetración del cargo que ocupa. Su labor llena de méritos, le permiten desempeñarse con singular acierto. (Juicio concreto correspondiente a sesenta días)".

El ministro de Guerra, coronel Juan Perón, en octubre de 1945 lo calificó "sobresaliente", argumentando: "Jefe de destacadas condiciones intelectuales. Se ha desempeñado en difíciles funciones que ha satisfecho en forma encomiable. Colaborador inteligente, con excelente espíritu y carácter".

Teniente coronel	Secretario de Industria y Comercio, sin perjuicio de sus funciones como director del Arsenal Esteban de Luca	Buenos Aires	16 XI 44
Teniente coronel	Renunció	Buenos Aires	25 VI 45
Teniente coronel	Ayudante del delegado del Ejército ante la Junta Interamericana de Defensa	Washington	17 IV 46

Coronel	Ascendió	Washington	31 XII 46

El coronel Franklin Lucero, agregado militar en Washington, lo calificó el 15 de octubre de 1947, en estos términos: "Este sobresaliente jefe superior tiene un concepto claro de la responsabilidad, la que afronta con singular carácter e inteligencia dentro de las exigencias del servicio y los propósitos de la superioridad. Es brillante en la concepción de las iniciativas y honrado y probo en la ejecución de las tareas que impone el servicio. Sus inquietudes van dirigidas siempre a satisfacer exigencias profesionales. Serio y probo camarada. Sobresaliente".

Durante el año 1947, realizó de abril a junio un curso en Fabricaciones Militares, cuyo director general, el general de división Manuel Savio, expresó: "Se ha desempeñado activamente. Es metódico, correcto, trabajador, estudioso y subordinado. Posee excelente preparación. Sobresaliente".

Coronel	A retiro efectivo voluntario	Buenos Aires	27 III 48
Coronel	Alta	Buenos Aires	24 V 56
Coronel	A retiro definitivo	Buenos Aires	3 XI 58

Esposa: María Cristina Cabral
Hijos: Adolfo Alfredo Ítalo (n. 1933) y Cristina Carlota Matilde (n. 1936)

URIONDO, OSCAR AUGUSTO

Nació en Villa Unseja (Santiago del Estero), el 3 de noviembre de 1901
Promoción 46
Infantería
Falleció el 8 de octubre de 1993

FOJA DE SERVICIO
Legajo 18.169

Grado	Destino	Lugar	Fecha		
Cadete	Colegio Militar	San Martín	1	III	18
Cadete becado	Colegio Militar	San Martín	1	III	19
Cabo	Colegio Militar	San Martín	23	III	20

Egresó del Colegio Militar el 20 de diciembre de 1921.
Orden de mérito: 80 sobre 96.

Subteniente	Ascendió	San Martín	20	XII	21
Subteniente	Regimiento 19	Tucumán	21	XII	21
Subteniente	Regimiento 9	Corrientes	17	I	24
Teniente	Ascendió	Corrientes	31	XII	24
Teniente	Regimiento 4	Campo de Mayo	20	I	26
Teniente 1°	Ascendió	Campo de Mayo	31	XII	28
Teniente 1°	3er Jefe del Regimiento 4	Buenos Aires	10	IX	30
Teniente 1°	Ayudante en el Batallón de Arsenales	Buenos Aires	29	VII	31

El 15 de noviembre de 1932, el mayor Juan Filomeno Velazco, jefe del batallón, dijo: "Este oficial se ha desempeñado como ayudante de batallón a mi entera satisfacción. Es buen colaborador, inteligente, de iniciativa y muy discreto. Es leal, culto, subordinado, enérgico y de mucho talento para dirigir a sus subordinados. Sobresaliente".

Capitán	Ascendió	Buenos Aires	31 XII 32
Capitán	Regimiento 19	Tucumán	23 I 33
Capitán	Alumno en la Escuela Superior de Guerra	Buenos Aires	1 II 33

El 14 de septiembre de 1933, el teniente coronel Enrique Rottjer, subdirector de la Escuela, lo calificó: "Oficial serio, correcto, subordinado, educado, empeñoso y buen camarada. Se desempeña bien en el terreno. Ha obtenido muy buen aprovechamiento en el curso I B de esta Escuela Superior".

Capitán	Arsenal Esteban de Luca	Buenos Aires	14 IX 33
Capitán	Alumno en la Escuela Superior de Guerra	Buenos Aires	15 XII 33

Con fecha 29 de noviembre de 1935, fue calificado por el mayor Juan Perón, inspector accidental en los cursos, y por el coronel Enrique Rottjer, subdirector de la Escuela, en estos términos: "Muy buenos conocimientos generales y claro criterio. Estudioso, sereno y firme en sus decisiones. Posee capacidad de resolución. Muy buena expresión oral y escrita, así como capacidad para el análisis y la síntesis. Independiente en sus juicios. Buena forma en sus trabajos escritos. Realizó trabajos de colaboración en la organización militar con bastante buen resultado. Resistente a la fatiga. Conserva bien su caballo. Muy buen jinete. Muy buen aprovechamiento".
El 15 de noviembre de 1936, el mayor Benjamín Rattenbach, jefe de curso de Estado Mayor, en la Escuela Superior de Guerra, lo calificó: "Correcto, estudioso y trabajador. Condiciones muy buenas para el mando y servicio de Estado Mayor. Criterio reflexivo e independiente. Excelente colaborador. Oficial de gran porvenir. Sobresaliente".
Igualmente, el coronel Carlos von der Becke, director de la Escuela, dijo: "Posee muy buenos conocimientos profesionales. De criterio claro, firme capacidad de formarse una opinión propia fundada, es dedicado a sus tareas. Reflexivo. Posee tacto y educación y es modesto. Sobresaliente".

| Capitán | Estado Mayor General del Ejército como Oficial de Estado Mayor | Buenos Aires | 7 | I | 37 |

Con fecha 15 de noviembre de 1937, el coronel Juan Carlos Sanguinetti, jefe de la 3ª División (Operaciones) del Estado Mayor General, escribió: "Oficial preparado, inteligente y de buen criterio. Es correcto y educado. Buen colaborador, ha desempeñado satisfactoriamente las tareas a su cargo. Es un oficial de porvenir. Sobresaliente".

El jefe del Estado Mayor, general Abraham Quiroga, confirmó la alta calificación: "Muy correcto y laborioso. De criterio claro y preciso. Es un excelente colaborador y un entusiasta de la profesión. Sobresaliente".

Ambos juicios fueron ratificados en 1938. Sanguinetti dijo: "Puede esperarse que será un oficial de porvenir"; Quiroga aseguró: "Es un excelente colaborador".

Capitán	Profesor permanente del Curso de Tenientes Primeros en la Escuela Superior de Guerra	Buenos Aires	28	XII	38
Mayor	Ascendió	Buenos Aires	31	XII	38
Mayor	Profesor de Táctica del curso citado	Buenos Aires	16	V	39

A partir del 6 de agosto de 1939 la Escuela Superior de Guerra pasó a llamarse Escuela del Estado Mayor del Ejército, volviendo a su anterior denominación a partir del 14 de octubre de 1941.

El general de brigada Pedro P. Ramírez, director de la Academia de Estado Mayor del Ejército, con fecha 15 de noviembre de 1939, dijo: "Ha colaborado leal y honestamente en la impartición de la enseñanza, adaptándose con facilidad y buen criterio a las normas y directivas impartidas por la dirección. Sobresaliente".

Al año siguiente, Ramírez ratificó: "Ha confirmado durante el año en curso sus excelentes conocimientos generales y profesionales y sus muy buenas aptitudes para el profesorado. Jefe culto, honesto y excelente camarada. Sobresaliente".

| Mayor | Profesor permanente en la Academia del Estado Mayor del Ejército | Buenos Aires | 28 | V | 40 |

Dictó las materias Servicios y Auxiliar Táctico y Servicios de Estado Mayor (en el 1° año) y Auxiliar de Conducción de Grandes Unidades (2° curso). Posteriormente dictó Abastecimiento.

Mayor	Escuela Superior de Guerra	Buenos Aires	15	XI	41

El 31 de agosto de 1942 fue designado para integrar la Comisión de Calificación de las pruebas de competencia profesional de los Cuerpos Auxiliares, del Ejército.

Teniente coronel	Ascendió	Buenos Aires	31	XII	42
Teniente coronel	Inspección General del Ejército como Oficial de Estado Mayor	Buenos Aires	15	I	43
Teniente coronel	Secretaría del Ministerio de Guerra	Buenos Aires	6	VII	43

Por resolución del 13 de septiembre de 1943, se consideró como servicio de Estado Mayor las funciones desempeñadas en ese cargo.

Teniente coronel	Jefe de la 1ª División de la Secretaría del Ministerio de Guerra	Buenos Aires	13	VIII	43

El coronel Juan Perón, su jefe en la Secretaría, el 15 de noviembre de 1943, lo calificó: "Jefe destacado. De clara inteligencia y excelente criterio. De una preparación profesional completa y amplio espíritu de cooperación. Educado, correcto y excelente camarada. Su desempeño en el cargo ha sido excelente. Me merece un alto concepto. Sobresaliente". La calificación fue mantenida con fecha 23 de febrero de 1944.

Fue designado en comisión como asesor técnico militar en la filmación de "Su mejor alumno", del 16 de noviembre de 1943 al 29 de febrero de 1944.

El coronel Franklin Lucero, nuevo jefe de la Secretaría del Ministerio de Guerra, el 15 de noviembre de 1944, expresó: "No califico por no tener el tiempo mínimo prescrito por [el reglamento] (...), no obstante dejo constancia de que se trata de un sobresaliente jefe, que pone en bien del servicio toda su consagración y capacidad".

Lucero, el 15 de octubre de 1945, aseguró: "Ha dirigido una de las divisiones más importantes del Ministerio de Guerra, Finanzas, con singular celo, contracción y eficiencia. Se ha destacado por sus inteligentes iniciativas y previsoras medidas en la solución de los problemas de Gobierno y Administración del Ejército. Jefe de excelente criterio, tacto, discreto, recto e íntegro en todos sus procedimientos, así lo confirmaron los recientes acontecimientos, sencillo y sobresaliente camarada. Sobresaliente". La calificación fue mantenida el 9 de noviembre de 1945.

Igualmente, el coronel Perón, ministro de Guerra, en fecha agregada 15 de octubre de 1945 (no es de su puño), lo calificó: "Prototipo de oficial de Estado Mayor. Personifica la lealtad y la honradez. De amplia preparación profesional y técnica. Inteligente, vivaz, enérgico y de gran espíritu militar y carácter. Excelente camarada. Jefe de extraordinario porvenir. Sobresaliente".

Teniente coronel	Director de la Escuela de Servicios del Ejército e Inspector de Tropas de Servicio	Buenos Aires	10	XI	45

Igualmente, el coronel Perón, ministro de Guerra, en fecha agregada 15 de octubre de 1946 (no es de su puño), lo calificó: "Prototipo del oficial de Estado Mayor. Personifica la lealtad y la honradez. De amplia preparación profesional y técnica. Inteligente, vivaz, enérgico y de gran espíritu militar y carácter. Excelente camarada. Jefe de extraordinario porvenir. Sobresaliente".

El 15 de octubre de 1946, el general Diego I. Mason, comandante en jefe del Ejército, expresó: "Es un jefe que goza de prestigio por sus condiciones morales, amplia preparación general y profesional, claro criterio, mucha capacidad y rendimiento de trabajo y elevado sentimiento del deber. Sobresaliente".

Coronel	Ascendió	Buenos Aires	31	XII	46
Coronel	Ministerio de Guerra como Oficial de Estado Mayor	Buenos Aires	26	II	47
Coronel	Jefe del Servicio de Informaciones del Ejército	Buenos Aires	26	II	47
Coronel	Jefe de Coordinación de Informaciones de Estado	Buenos Aires	5	II	49

En ese cargo, nombrado por decreto secreto N° 3.046/49, fue calificado por el presidente Juan Perón, el 15 de octubre de 1949 (no parece ser su letra en el texto de la calificación, pero sí su firma), en estos términos: "Ha desem-

peñado su difícil misión con tacto, inteligencia y dedicación. Excelente camarada, querido por sus subalternos. Eficiente colaborador. Sobresaliente".
Viajó en comisión a Chile y Perú, del 12 de mayo al 1° de junio de 1950, y a Bolivia, del 2 al 16 de abril de 1953.

General de brigada	Ascendió	Buenos Aires	31 XII 50
General de brigada	Director de la Escuela Superior de Guerra	Buenos Aires	19 X 53

Fue edecán militar del Presidente de Chile, general Carlos Ibáñez del Campo, en su visita a Buenos Aires (febrero de 1953).
Participó de las celebraciones del 4° centenario de la fundación de Santiago del Estero (agosto de 1953).
El 15 de octubre de 1953, el general de división Franklin Lucero, ministro de Ejército, dijo: "Su labor abnegada e inteligente como colaborador del Excmo. Señor Presidente de la Nación, de quien merece amplia confianza, ha mantenido las sobresalientes características señaladas en conceptos anteriores. Su lealtad, firme carácter, elevados valores morales y destacadas aptitudes, le han conquistado merecido prestigio entre sus camaradas. Sobresaliente".
Al año siguiente, el general Lucero escribió: "Como director de la Escuela Superior de Guerra ha señalado un período de intenso adoctrinamiento en la formación de profesores y alumnos, siendo ejemplo y guía de sus subordinados. Inteligente, consagrado, virtuoso y de inquebrantable lealtad, por sus sobresalientes condiciones, destacadas iniciativas y profundo dominio del funcionamiento integral de los servicios en su doble aspecto de abastecimientos y reemplazos se le designe Cuartel Maestre General, donde su acción creadora ha de conformar la información de nuevas características acorde con la orientación que rige actualmente la perfectibilidad de la institución".
Asumió la dirección el 22 de diciembre de 1953.

General de división	Ascendió	Buenos Aires	31 XII 53
General de división	Cuartel Maestre General del Ejército	Buenos Aires	16 X 54

Fue designado vocal de la Junta Superior de Calificaciones de Oficiales, por resolución del 26 de octubre de 1954.

General de división	Retiro voluntario y alta del retiro activo	Buenos Aires	1	X	55
General de división	Retiro definitivo obligatorio	Buenos Aires	23	XII	55

Esposa: Rosa Dalmira Sorol
Hijo: Oscar Adolfo (n. 1929)

Hoja de calificación del capitán Oscar A. Uriondo,
por el mayor Juan Perón, en la Escuela Superior de Guerra,
el 21 de noviembre de 1931.

Calificación del Ministro de Guerra, coronel Juan Perón,
al teniente coronel Oscar Uriondo,
el 15 de octubre de 1946.

Ficha de servicios del general de división Uriondo.

Ducó, Tomás Adolfo

Nació en Buenos Aires, el 20 de septiembre de 1901
Promoción 46
Infantería
Falleció el 31 de enero de 1964

Foja de servicios
Legajo 14.346

Grado	Destino	Lugar	Fecha
Aspirante	Colegio Militar	San Martín	1 III 18
Cadete becado	Colegio Militar	San Martín	1 III 19

Egresó del Colegio Militar el 20 de diciembre de 1901.
Orden de mérito: 54 sobre 96.
En San Martín, con fecha 5 de diciembre de 1921, el teniente 1° Vicente Posadas, comandante de la 2ª Compañía del Colegio Militar, lo calificó con estos conceptos:
"Su manera de ser y su porte impresionan mal, dejando el convencimiento de que tiene inclinaciones a ser un incorrecto.
"Necesita estímulo, con lo cual se conseguirá de él todo lo que se quiera. Se le puede confiar una orden en la seguridad que pondrá de su parte todo el interés para que esa orden sea bien cumplida.
"Es muy inteligente, y en sus ideas no es infantil. Se preocupa en aprender.
"Con todo hay en él una cierta tendencia natural a la comodidad, que no encontrar ambiente no prosperará, con toda seguridad".

Subteniente	Ascendió	San Martín	20 XII 21

El 16 de noviembre de 1922, el general de división José Félix Uriburu, expresó: "Me merece muy buen concepto".

Subteniente	Regimiento 3	Buenos Aires	27 I 22
Subteniente	Regimiento 2 - Jefe de la Sección 2ª	Buenos Aires	1 III 22

Subteniente	Regimiento 2 - Jefe de la Sección 3ª	Buenos Aires	22	VI	23
Subteniente	Grupo N° 1 de Aviación	El Palomar	5	VI	24

El capitán Elisendo Pissano, jefe del Primer Curso de Aviadores Militares, en El Palomar, el 1° de noviembre de 1924, lo calificó: "Muy buen alumno. Inteligente y estudioso. En su aprendizaje de vuelo se ha distinguido y será un excelente piloto si continúa en la misma forma".

Teniente	Ascendió	Mendoza	12	III	25
Teniente	Regimiento 16	Mendoza	12	III	25
Teniente	Jefe de la Sección 6ª en el Regimiento 16	Mendoza	6	V	25
Teniente	1er Ayudante en el Regimiento 16	Mendoza	5	VIII	25

A partir de agosto de 1925 constan sus problemas financieros. Así, en abril de 1926 sufrió embargo de bienes por el Banco Crédito Popular Argentino. Estos asuntos abarcan una parte considerable de su legajo.

Teniente	Regimiento 17	Catamarca	24	IV	26
Teniente	Jefe de la Sección 5ª en el Regimiento 17	Catamarca	9	X	27
Teniente	Jefe de la Sección 1ª en el Regimiento 17	Catamarca	28	I	27
Teniente	Cursante en la Escuela de Infantería	Campo de Mayo	7	II	27
Teniente	Regimiento 17	Catamarca	17	X	27
Teniente	Estado Mayor General	Buenos Aires	28	III	28

El 5 de diciembre de 1928 fue calificado "sobresaliente" por el general de brigada Francisco M. Vélez, jefe del Estado Mayor General.
Con fecha 9 de enero de 1928, se resumen las actuaciones del Tribunal de Honor Regional de la 2ª División que, presidido por el general de brigada Aníbal J. Vernengo, se abocó a un incidente ocurrido el 25 de diciembre de 1927, en La Plata, entre el teniente 1° Pedro Presti y el teniente Tomás A. Ducó, quien declaró: "Que (...) con motivo de un partido de fútbol entre

Estudiantes de La Plata y Huracán, en la ciudad de La Plata, tuvo oportunidad de conversar con el teniente 1° Pedro Presti sobre la marcha del Club Huracán, por ser ambos socios del Club mencionado, y que, a raíz de ciertas apreciaciones que hiciera el declarante, analizando las obras realizadas por el Club Estudiantes de La Plata, pileta de natación que tiene el Club citado y lo que podía hacerse en el Club Huracán fue interrumpido por el teniente 1° Presti con expresiones que consideró ofensivas para su persona, entre otras, de que era un charlatán y un envenenado, razón por la cual en ese instante, pidió al teniente 1° no se expresara en esa forma, pues le hacía cargos graves que no podía aceptar (...)".

En febrero de 1928 se le dictó concurso civil. Por lo tanto, sufrió un nuevo embargo de sueldo, siendo sus acreedores los Bancos Comercial Argentino, Escolar Argentino y Nación Argentina, dos casas de comercio y un particular. El embargo le fue levantado el 10 diciembre de 1928.

Teniente 1°	Ascendió	Buenos Aires	31 XII 28
Teniente 1°	Dirección General de Aeronáutica	Buenos Aires	21 IV 29

El 15 de noviembre de 1929, el director general de Aeronáutica, coronel Horacio Crespo, lo calificó: "Inteligente, trabajador y subordinado. Se desempeña muy a satisfacción como auxiliar de la sección movilización. Sobresaliente".

Teniente 1°	Regimiento 7	La Plata	19 IX 30

El 19 de septiembre de 1930, el mayor jefe de la División Movilización de Aeronáutica Militar, expresó: "Es un especialista en asuntos de movilización. Muy serio, correcto, trabajador y de criterio amplio y claro. (...) Tiene gran entusiasmo por el vuelo que lo practica en forma intensa, interesándose por profundizar sus conocimientos profesionales".
El coronel Crespo expresó: "Comparto el juicio emitido por el superior inmediato".

Teniente 1°	Distrito Militar 5	Mendoza	21 I 31

Desde Córdoba, el 10 de noviembre de 1931, el general Basilio Pertiné, comandante de la división, escribió: "Inteligente, de claro criterio, de mucha iniciativa, ha cooperado muy eficientemente con el jefe del distrito, al colocarlo en el excelente estado en que se encuentra. Muy subordinado, culto en su trato. Sociable y muy buen camarada. Sobresaliente".

Teniente 1°	Alumno en la Escuela Superior de Guerra	Buenos Aires	21 I 32	
Teniente 1°	Regimiento 16	Mendoza	17 IX 32	
Capitán	Ascendió	Mendoza	31 XII 32	

El coronel comandante del Destacamento de Montaña Cuyo, coronel Conrado Sztyrle, el 30 de septiembre de 1933, dijo: "El capitán Ducó ha dirigido con gran habilidad, iniciativa y entusiasmo la instrucción de la presente compañía, habiendo obtenido resultados altamente satisfactorios en todas las materias del programa respectivo".

Capitán	Distrito Militar 31	Rosario de Tala	6 VII 34
Capitán	Alumno en la Escuela Superior de Guerra	Buenos Aires	12 III 35

El 15 de noviembre de 1935, el coronel Enrique Rottjer, subdirector de la Escuela, lo calificó: "De satisfactorias condiciones generales y buenas aptitudes militares. Es estudioso y dedicado, serio y circunspecto, activo y laborioso. Se desempeña con creciente eficacia como alumno del 1er curso de esta Escuela Superior. Muy bueno".

Desde Rosario de Tala, el 5 de septiembre de 1934, elevó a la superioridad reclamo a raíz de la calificación que "por cambio de destino" le formulara el jefe del 2° Batallón del Regimiento de Infantería 16 "Cazadores de los Andes", mayor Oscar R. González, del 6 de noviembre de 1933 a julio de 1934: "Este oficial ha demostrado poseer muy buenas aptitudes como comandante de compañía: es contraído a sus obligaciones, trabajador, de resolución, tiene precisión en el mando y sabe gobernar a la tropa a sus órdenes. Sólo he observado en sus procedimientos el defecto de poner inconvenientes al cumplimiento de las órdenes del servicio, sin lo cual podría calificársele como muy buen capitán. Bueno".

En ese mismo informe de calificación, el comandante del Destacamento de Montaña Cuyo, coronel Edelmiro J. Farrell, expresó: "Muy buena inteligencia, preparación general y militar, activo y eficiente en el trabajo. Tiene condiciones para ser un oficial destacado previa modificación de su conducta, en la que descuida sus demostraciones de exteriorización, especialmente en la parte formal. Bueno".

González le impuso una sanción disciplinaria, mantenida por Farrell, con quien también mantuvo incidentes que derivaron en información sumaria, por el caso de un obsequio al subteniente Gabriel Nellar, en junio de 1934.

La calificación le fue mantenida por el comandante de la 4ª División, en mayo de 1935.
Farrell continuó activo en la substanciación del sumario hasta marzo de 1935.

Capitán	Ayudante del Inspector de Distritos Militares	Buenos Aires	8	V	36

El 15 de noviembre de 1936, el general de división Guillermo Mohr, comandante de la 1ª División, expresó: "Desempeña sus funciones en forma muy satisfactoria, demostrando buen criterio y recomendable contracción. Muy bueno".
El 15 de noviembre de 1937, el coronel Carlos von der Becke, director de la Escuela lo calificó "muy bueno".

Capitán	Continuó como alumno en la Escuela Superior de Guerra	Buenos Aires	7	III	37

El teniente coronel Firmo Horacio Posadas, inspector de los cursos en la Escuela, de la cual egresó en el orden de mérito 9 entre 82 alumnos, lo calificó en términos distinguidos, al igual que el teniente coronel Rottjer, subdirector, y el general de brigada Mohr, director.

Capitán	Plana Mayor del Cuartel Maestre General - Auxiliar del jefe de la Sección Organización y Movilización	Buenos Aires	22	I	38
Capitán	Plana Mayor del Cuartel Maestre General - Jefe de la Sección Transportes, en la División Movilización	Buenos Aires	2	IV	38

El teniente coronel Humberto Sosa Molina, jefe de la División Movilización, escribió el 15 de noviembre 1938: "Íntegro en sus procedimientos, independiente en sus juicios, tiene bien desarrollado el sentimiento del deber. Escrupuloso y muy contraído a sus tareas. Se empeña en satisfacer, haciendo más de lo preciso de su deber. Es muy correcto con sus superiores y subalternos. Muy buen camarada, culto, correcto y sociable. De inteligencia clara y vigorosa, de excelente criterio y de una amplia preparación general y profesional; ha sido un excelente colaborador en las tareas de la división. De muy buenas condiciones físicas. Es un distinguido oficial. Sobresaliente".

Mayor	Ascendió	Buenos Aires	31	XII	38

El 15 de noviembre de 1939, el nuevo jefe de movilización, coronel Laureano Anaya, lo calificó en estos términos: "Inteligencia clara. Sus conocimientos profesionales y generales son muy completos. De resoluciones rápidas y bien fundadas. Interpreta muy bien la idea y la desarrolla en forma precisa e inconfundible. En la División Movilización, su marcada eficiencia es notoria. Su paso por la Escuela Superior de Guerra significa una base real y positiva para el mejor éxito de sus tareas. Es un excelente camarada. Sobresaliente".

En la misma fecha, Manuel N. Savio, jefe de la plana mayor del Cuartel Maestre General del Interior, aseveró: "Inteligente y trabajador; se desempeña con iniciativa y rapidez de concepto. Es enérgico e independiente. Su preparación profesional es muy satisfactoria, preocupándose con empeño en profundizar los asuntos de movilización. Excelente camarada. Sobresaliente". La calificación fue mantenida con fecha 8 de enero de 1940.

Mayor	Jefe del 1er Batallón en el Regimiento 10 de Montaña Reforzado	Covunco Centro	9	I	40
Mayor	En comisión al Cuartel Maestre General del Interior	Buenos Aires	10	I	40

En Neuquén, el 15 de noviembre de 1940, el general de brigada Horacio Crespo, comandante de la 6ª División, dijo: "Reúne condiciones de conductor. Decidido y audaz. Franco, leal y noble. Con un sentido de colaboración bien arraigado y concentrado. Excelente camarada. Sobresaliente".

También en Neuquén, 20 de febrero de 1941, el general de brigada Edelmiro J. Farrell, comandante de la 6ª División, escribió: "No califico de acuerdo con el reglamento (...)".

El 10 de enero de 1941 había pedido cambio de destino, alegando enfermedad de su esposa, quien "en un accidente sufrió la fractura de la pierna izquierda" y "trastornos intestinales", por lo que fue internada en el Hospital Militar Central en Buenos Aires. El médico cirujano de regimiento Ernesto Rottjer diagnosticó "yeyuno ileitis crónica", y recomendó mantener a la paciente bajo asistencia médica por alrededor de seis meses.

| Mayor | Jefe de la División Cuartel Maestre en el Comando de la 2ª División | La Plata | 21 II 41 |

El 23 de junio de 1942, el general de brigada Diego Isidro Mason, comandante de la 2ª División, lo calificó: "Inteligente, de iniciativa, activo y enérgico. Ha desempeñado las tareas a su cargo en este comando, con celo y eficiencia. Como director de la instrucción de los oficiales de reserva en el Regimiento 7 de Infantería, ha demostrado capacidad, método y dedicación ejemplar. Sobresaliente".

| Mayor | Jefe de la 3ª División en el Comando de Defensa Antiaérea | Buenos Aires | 24 VI 42 |
| Teniente coronel | Ascendió | Buenos Aires | 31 XII 42 |

Con fecha 3 de junio de 1943, el coronel Raúl A. González, comandante de Defensa Antiaérea, escribió: "Jefe serio, correcto y estudioso. Inteligente y de muy buen criterio. Posee una excelente preparación general y profesional. Entusiasta y de gran iniciativa. Como jefe de división ha colaborado con entusiasmo y eficacia. Buen deportista y excelente camarada. Sobresaliente".

| Teniente coronel | Jefe del Regimiento 3 | Buenos Aires | 4 VI 43 |

El coronel Fortunato Giovannoni, comandante de Infantería de la 1ª División, el 10 de octubre de 1943, dijo: "Este jefe se distingue por sus excepcionales condiciones generales y profesionales. Sencillo, modesto, afable en su trato, sumamente correcto, es apreciado por superiores y subalternos. Enérgico en el mando, de gran espíritu de soldado, trabajador incansable, inteligente y vivaz, de claro criterio y grandes condiciones como conductor. Por su lealtad, camaradería y firmeza en sus resoluciones es toda una garantía en el Ejército. De gran honestidad. Sobresaliente".

El 8 de marzo de 1944, el coronel Isidro I. Martini, comandante de la 1ª División, lo juzgó "mediocre", argumentando: "De muy buenas condiciones generales de mando, enérgico y decidido. Posee especiales aptitudes para granjearse la simpatía de sus subalternos, es sin embargo, díscolo y de audacia irreflexiva. En el trato con los camaradas de igual jerarquía ha tenido dificultades por su intemperancia. Los acontecimientos post revolucionarios alteraron aún más su carácter en sentido desfavorable. Sobreestimándose en más, se revela como un elemento muy peligroso para la disciplina, como lo demostró más tarde, mediante el acto de rebelión por el que se lo juzga".

| Teniente coronel A retiro | Buenos Aires | 9 | II | 44 |

El 1º de abril de 1944 el Consejo Supremo de Guerra y Marina lo condenó a dos años de prisión menor, que cumplió en el penal militar de Martín García, y destitución, por haber cometido el delito militar de rebelión, con agravantes.
El 21 de febrero de 1945 fue indultado y se le reincorporó en situación de retiro.
En julio de 1948 viajó a Londres en representación de la Asociación del Fútbol Argentino.
Faltan datos en el legajo.
Pasó a retiro definitivo, en el grado de teniente coronel, el 28 de julio de 1959.

Esposa: Rosa Esther Cuervo
Hijos: Enrique Adolfo (n. 1929) y Carlos Jorge (n. 1930)

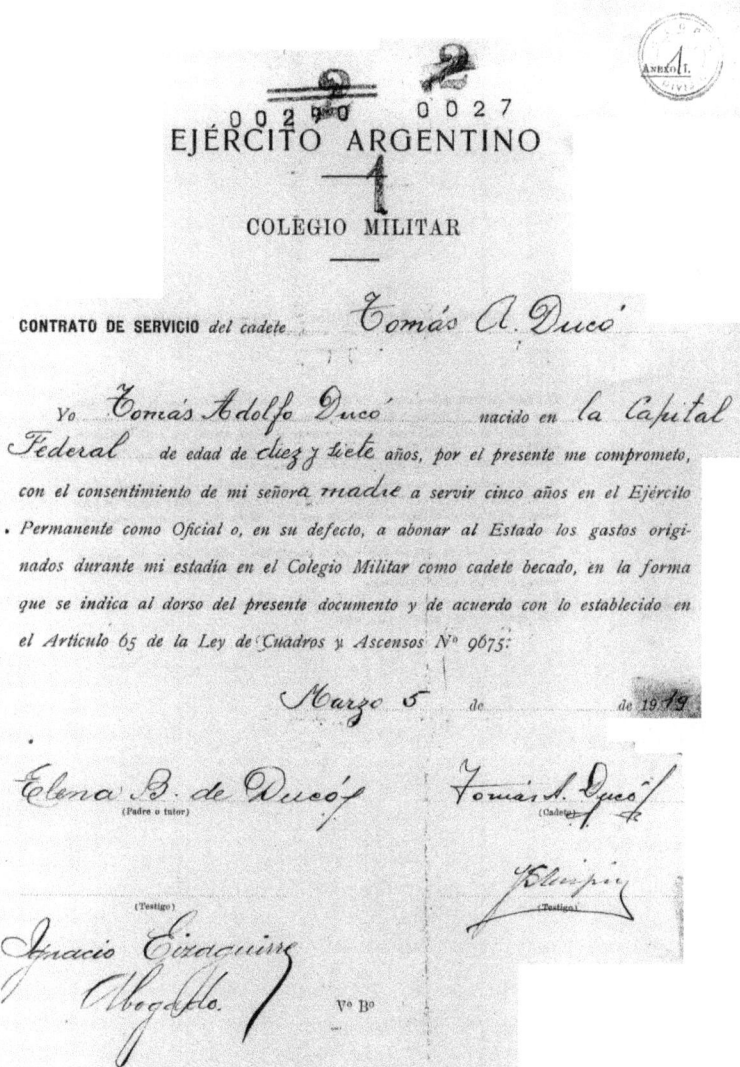

Ficha de incorporación del joven
Tomás A. Ducó al Colegio Militar.

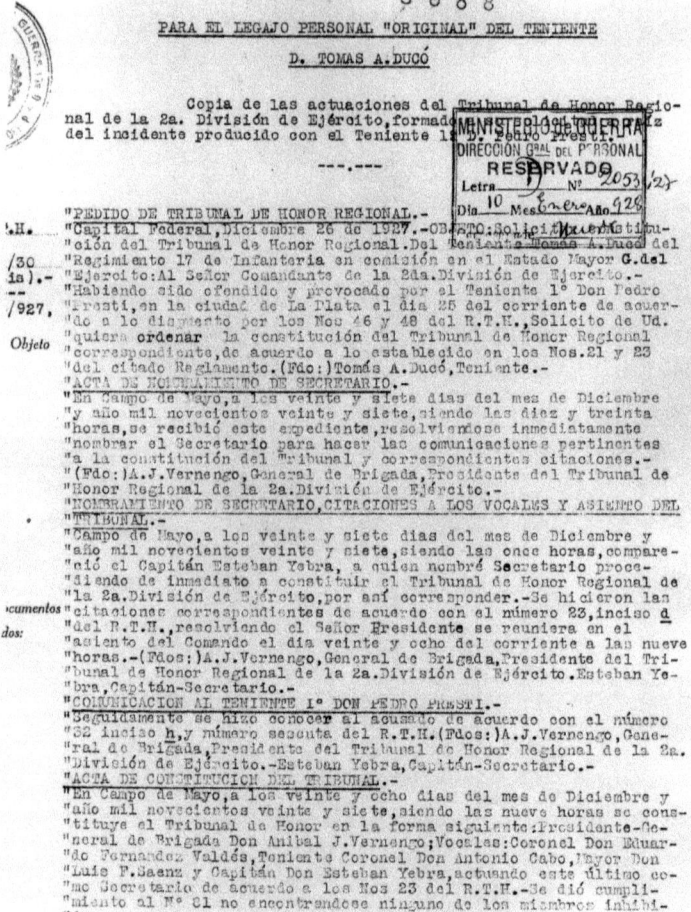

El teniente Ducó, hincha del club Huracán.

MINISTERIO DE GUERRA
DION GENERAL DEL PERSONAL
SECRETARÍA

00290   0089

"De inmediato el Tribunal resolvió, de acuerdo con el Nº 84 por ser
"de su competencia proceder en **consecuencia**.-(Fdos:)A.J.Vernengo,
"General de Brigada,Presidente del Tribunal de Honor Regional de
"la 2a.División de Ejercito.-Eduardo Fernández Valdés.Vocal.-An
"tonio Cabo-Teniente Coronel Vocal.Luis F.Saenz.Mayor Vocal.-Es
"teban Yebra-Capitán-Secretario.
"Constituido el Tribunal en la forma que queda expresada en el
"Acta anterior,compareció ante este el Teniente Don Tomás A.Ducó
"y convenientemente preguntado por el Señor Presidente y Vocales
"dijo:Que el día 25 del corriente,con motivo de un partido de Foot
"Ball entre estudiantes de La Plata y Huracán,en la ciudad de La
"Plata,tuvo oportunidad de conversar con el Teniente 1º Pedro Pres
"ti sobre la marcha del Club Huracán,por ser ambos socios del Club
"mencionado,y,que a raíz de ciertas apreciaciones que hiciera el
"declarante,analizando las obras realizadas por el Club Estudian
"tes de La Plata,pileta de natación que tiene el Club citado y lo
Objeto "que podía hacerse en el Club Huracán fué interrumpido por el Te
"niente 1º Presti con expresiones que consideró ofensivas para su
"persona,entre otras,"de que era un charlatán y un envenenado"ra
"zón por la cual en ese instante,pidió al Teniente 1º no se expre
"sara en esa forma,pués le hacia cargos graves que no podía acep
"tar,"como vacilara por respuesta que los tomara como quisiera"
"le hizo saber el declarante al Teniente 1º,que procedería como
"corresponde a un Oficial del Ejército y dando por terminada la
"conversación se separaron.-Que al día siguiente el Teniente Du
"có envió una carta al Teniente 1º Presti donde le pedía una en
"trevista.-Que el portador un soldado Conscripto le comunicó que
"al hacer entrega de la carta al Teniente 1º le manifestó:"Communi
"quele al Teniente que no lo puede atender por estar muy ocupado"
"Que por las razones expuestas de acuerdo con el R.T.H.se ha vis
"to precisado a solicitar la formación del Tribunal de Honor.Que
"no ha tenido anteriormente con el Teniente 1º Presti nínguna cues
"tión,que pueda ser relacionada con el hecho que denuncia y que
"no sabe ni sospecha cuales puedan ser las causas que ha tenido
"el Teniente 1º para provocar la situación creada.-Oída la exposi
"ción del declarante se le hizo retirar.(Fdos:)A.J.Vernengo.Gene
"ral de Brigada-Presidente del Tribunal de Honor Regional de la
"2a.División de Ejército.-Tomás A.Ducó-Teniente.-Esteban Yebra Ca
"pitán-Secretario.-
cumentos "Ante el Tribunal constituido compareció el Teniente 1º Pedro Pres
los: "ti y preguntado convenientemente e invitado por el Señor Presi
"dente a hacer una exposición suscinta de la conversación tenida
"con el Teniente Tomás A.Ducó,en el local del Club Estudiantes de
"La Plata,tratando en lo posible de recordar y manifestar las ex
"presiones y vocablos empleados en esa oportunidad dijo:Que efec
"tivamente el día 25 del corriente estuvo reunido en el lugar ci
"tado con el Teniente Ducó y comentando la pileta de natación que
"posee el Club Estudiantes de La Plata el Teniente Ducó dijo:"Que
"no alcanzaba a comprender el porqué de la carencia de una pileta
"igual en el Club Huracán siendo que le constaba había habido una
"entrada de 90.000.-pesos haciendo a este respecto juicio incuao
"to y cargos en contra de la Comisión Directiva,de dicho Club.-A
"estas manifestaciones objetó el deponente:"Que no era esa la su
"ma que el aludía pués solamente habían ingresado 42.000 o 43.000
"pesos que era el porcentaje que le correspondía.-Por otra parte
"siendo el que habla pariente de miembros de dicha Comisión no po
"día oír se le formularan cargos gratuitos e infundados,a lo que
"respondió el Teniente Ducó:"Que él obligaría a la Comisión que
"se expidiera las razones que tuviera para no hacer una pileta de
"natación en la Asamblea próxima".-

////////

El teniente Ducó, hincha del club Huracán. (Cont.)

MISTERIO DE GUERRA
ION GENERAL DEL PERSONAL
SECRETARÍA
///////.   0 0 2 9 0   0 0 9 0

"A esta nueva respuesta, preguntole el que habla: Que tiempo lleva-
"ba como socio en la institución?, a lo que respondió el Teniente
"Ducó:"Desde el mes de Abril ppdo", entonces el declarante contes-
"tó: Ud. no puede pedir aclaraciones de ninguna naturaleza porque
"los Estatutos expresan para poder ejercer ese derecho o tener por
"lo menos un año de antigüedad como socio; luego, sus apreciaciones
"son prematuras, por lo tanto no pasan de ser juicios de un criti-
"cón.-Hizo constar que la expresión de "criticón" o cualquier otra
"que hubiera empleado no fueron dichas en ningún momento con la
"intención de ofender en absoluto al Teniente Ducó. Que esto lo ha-
"bían oído algunas personas que se encontraban con el deponente que
"no nombró.-
"Terminada la exposición que antecede se hizo retirar al Teniente
"1°.-(Fdos:)A.J.Vernengo, General de Brigada-Presidente del Tribu-
"nal de Honor Regional de la 2a.División de Ejército.-Pedro Pres-
"ti Teniente L°.-Esteban Yebra-Capitán-Secretario.-
"Ilustrado el Tribunal con las declaraciones expuestas, e inspira-
"do en el No.103,del R.T.H.,pasó a deliberar sobre las mismas, lo
"que originó un cambio de ideas entre los Señores miembros que--
"dió por resultado, por unanimidad, encuadrar el caso presente en
"el inciso b No.98 del R.T.H.-Esta resolución se dió a conocer a

Objeto

"los interesados, por el Señor Presidente en el mismo lugar y fe-
"cha siendo las diez y cuarenta y cinco horas, por separado, siendo
"el primero en enterarse el Teniente Tomás A.Ducó a quien se le
"preguntó si con la retractación de parte del Teniente 1° Presti
"de las palabras que el había considerado ofensivas, se daba por
"satisfecho ampliamente respondió que Sí. Retirado el Teniente Du-
"có se hizo pasar al Teniente 1° Presti a quien el Señor Presiden-
"te enteró de la Resolución del Tribunal e invitó a declarar ante
"el mismo que estaba dispuesto a dar explicaciones amplias al Te-
"niente Ducó a lo que respondió Que sí. Seguidamente se hizo pasar
"al Teniente Ducó, para que escuchara las explicaciones que le da-
"ría el Teniente 1° Presti, quien manifestó:"Que no pudiendo preci-
"sar los términos que empleara en la conversación origen de estas
"actuaciones, expresaba cualquiera que ellos hubieran sido los re-
"tiraba, dejando constancia que jamás pensó en agraviar ni ofender
"al Teniente Ducó en lo más mínimo".-A Esta manifestación contes-
"tó al Teniente Ducó:"Que aceptaba complacido las declaraciones
"del Teniente 1° Presti; pués su intención no había sido otra que

ocumentos
dos:

"dejar a salvo su dignidad de Oficial y caballero".-El Señor Pre-
"sidente dió por terminada esta incidencia manifestando a los in-
"teresados que veía altamente complacido en ambos la buena dispo-
"sición y actitud caballeresca al dar el Teniente 1° Presti am-
"plias explicaciones puesto que no habría habido "intención de
"ofensa" y en el Teniente Ducó al reclamarla y aceptarla.Con lo
"que el Tribunal dió por terminada su actuación.-(Fdos:)A.J.Ver-
"nengo,General de Brigada-Presidente del Tribunal de Honor de la
"2a.División de Ejército.-Eduardo Fernandez Valdés-Coronel Vocal,
"Antonio Cabo-Teniente Coronel Vocal.-Luis F.Saenz,Mayor-Vocal,Es
"teban Yebra,Capitán-Secretario.-
"Del General de División José L.Maglione,Director General del Per-
"sonal al SEÑOR MINISTRO DE GUERRA(Secretaría):Elevo al Señor Mi-
"nistro las presentes actuaciones del Tribunal de Honor Regional
"de la 2a División de Ejército,formada para entender en el inci-
"dente ocurrido el día 25 del mes en curso,en la ciudad de La Pla-
"ta,entre el Teniente 1° Don Pedro Presti y el Teniente Don Tomás
"A.Ducó.-Capital Federal 31 de Diciembre 1927.-(Fdo:)José L.Ma-
"glione,General de División,Director General del Personal.-

/////////

El teniente Ducó, hincha del club Huracán. (Cont.)

FERRAZZANO, HERACLIO ROBUSTIANO ANTONIO

Nació en Tucumán, el 24 de mayo de 1906
Promoción 50
Orden de Mérito: 15 sobre 80
Infantería
Oficial de Estado Mayor
Pasó a retiro, con el grado de general de división,
el 18 de septiembre de 1955
Falleció el 10 de octubre de 1983

Foja de servicios
Legajo 16.772 (Extraviado)

Presidentes Honorarios del Círculo Militar

Excmo. Señor Presidente de la Nación, General de Brigada D. EDELMIRO J. FARRELL
S. E. el Señor Ministro de Guerra, Coronel D. JUAN D. PERON

Comisión Directiva

Presidente interino	Cnl. (Exp.) D. MAURICIO E. BONZON
Vicepresidente 1º	Grl. D. RAFAEL JANDULA
" 2º	Cnl. D. ARISTOBULO E. MITTELBACH
Secretario	
"	Cj. de Eg. D. PAULINO MUSACCHIO
Tesorero	Of. de Adm. Insp. D. BENIGNO O. RAMIREZ
Protesorero	Tcnl. D. VICTOR L. MARTINEZ TOLEDO
Vocal titular	Tcnl. D. JUAN CARLOS GOMEZ
" "	My. D. OSCAR F. DELFINO
" "	Tcnl. D. AUGUSTO G. RODRIGUEZ
" "	My. D. JOSE A. SANCHEZ TORANZO
" "	Tte. 1º D. ALBERTO FERRAZZANO
" "	Tcnl. D. CESAR R. CACCIA

Subcomisiones

De Instrucción

Presid.: Grl. D. RAFAEL JANDULA
Vocal: Tcnl. D. JUAN CARLOS GOMEZ
 (Director de la Bibliot. del Oficial)
 " My. D. J. A. SANCHEZ TORANZO
 " My. D. OSCAR F. DELFINO
Adscr.: Cap. D. EDUARDO A. SABELLA
 " Cap. D. ALBERTO L. ARANA

De Interior

Presid.: Cnl. (Exp.) D. MAURICIO E. BONZON
Vocal: Tcnl. D. JUAN CARLOS GOMEZ
 " My. D. OSCAR F. DELFINO
 " Tte. 1º D. ALBERTO FERRAZZANO

A) SECCION BALNEARIO
Vocal: Tcnl. D. JUAN CARLOS GOMEZ

B) SECCION RESTAURANT Y BAR
Presid.: Grl. D. RAFAEL JANDULA

De Museo y Biblioteca

Presid.: Tcnl. D. VICTOR L. MARTINEZ TOLEDO
Vocal: Tcnl. D. CESAR R. CACCIA
 " My. D. CELESTINO DELUCCHI

De Hacienda

Presid.: Cnl. don A. E. MITTELBACH
Vocal: My. don J. A. SANCHEZ TORANZO
 " Cj. Eg. D. PAULINO MUSACCHIO

De Deportes

Vocal: Tcnl. D. CESAR R. CACCIA
Adscr.: My. D. FERNANDO J. HUERGO
 " My. D. TITO U. MICHELINI

De Fiestas

Presid.: Grl. D. RAFAEL JANDULA
Vocal: Tcnl. D. JUAN CARLOS GOMEZ
 " My. don J. A. SANCHEZ TORANZO
 " Cj. Eg. D. PAULINO MUSACCHIO
 " Tte. 1º D. ALBERTO FERRAZZANO

De Ayuda Mutua

Presid. C. M.: Cnl. (Exp.) D. MAURICIO E. BONZON
Presid. Subc. Hac.: Cnl. don A. E. MITTELBACH
Tesorero: Of. de Adm. Insp. D. BENIGNO O. RAMIREZ
Vocal: Tcnl. D. AUGUSTO G. RODRIGUEZ
 " My. don J. A. SANCHEZ TORANZO
 " My. D. OSCAR F. DELFINO

Comisión directiva del Círculo Militar.
Revista Militar. Año 44, Nº 521, junio de 1944.

ARGÜERO FRAGUEYRO, ALFREDO

Nació en Buenos Aires, el 27 de enero de 1891
Promoción 38
Infantería
Falleció el 23 de junio de 1968

FOJA DE SERVICIOS
Legajo 14.874

Grado	Destino	Lugar	Fecha
Cadete	Colegio Militar	San Martín	6 III 11
Cabo	Ascendió	San Martín	27 III 13
Cabo 1°	Ascendió	San Martín	20 IX 13

Egresó del Colegio Militar el 13 de diciembre de 1913.
Orden de mérito: 19 sobre 121.

Subteniente	Ascendió	San Martín	13 XII 13
Subteniente	Regimiento 5	San Nicolás	15 XII 13
Teniente	Ascendió	San Nicolás	31 XII 15
Teniente	Regimiento 4	Buenos Aires	24 X 16
Teniente	Distrito Militar 36	Santa Fe	25 II 18
Teniente	Alumno en la Escuela de Tiro	Campo de Mayo	1 VII 18
Teniente	Regimiento 12	Santa Fe	22 II 19
Teniente 1°	Ascendió	Santa Fe	31 XII 19
Teniente 1°	En comisión, con motivo de la huelga en "La Forestal"	Guillermina Santa Fe	1 II 20
Teniente 1°	Compañía de Disciplina	Puerto Borghi	12 III 20

Teniente 1°	Cambio de guarnición de la Compañía	Formosa	11 VI 20	
Teniente 1°	Regimiento 11 - Comandante de la Compañía de Ametralladoras	Rosario	9 II 21	
Capitán	Ascendió	Rosario	31 XII 23	
Capitán	Alumno en la Escuela Superior de Guerra	Buenos Aires	20 XI 24	
Capitán	En comisión al Comando de la 1ª División	Buenos Aires	18 I 25	
Capitán	Ayudante del Comandante de la 1ª División	Buenos Aires	22 IV 25	
Capitán	Regimiento 1 -Comandante de la 6ª Compañía	Buenos Aires	7 IV 26	
Capitán	Regimiento 11	Rosario	27 V 29	
Capitán	Comando de la 3ª División Ayudante del Comandante	Paraná	4 X 29	

El 30 de diciembre de 1936, el general de brigada Francisco Reynolds, expresó: "Mantengo mi concepto anterior que dice: Desempeña el puesto de jefe de la División Cargas en el que ha demostrado poseer excelentes condiciones por su actividad constante, energías y múltiples iniciativas. Muy correcto y buen camarada. Sobresaliente".

Capitán	Regimiento 3	Buenos Aires	25 II 30
Mayor	Ascendió	Buenos Aires	31 XII 30
Mayor	Confirmado en el nombramiento como 1er Jefe del Regimiento 3	Buenos Aires	21 I 31
Mayor	Dirección General de Arsenales de Guerra	Buenos Aires	24 I 35
Teniente coronel	Ascendió	Buenos Aires	31 XII 35

Teniente coronel	Jefe de la División Cargas en la Dirección General de Arsenales de Guerra	Buenos Aires	4 XI	36

El 15 de noviembre de 1937, el coronel Arturo Rawson, jefe de la 4ª División, Dirección General del Personal, lo calificó: "Jefe correcto y laborioso. Ha cooperado en las tareas de movilización de esta dirección general con iniciativa y entusiasmo. Serio, discreto y excelente camarada. Sobresaliente".

Teniente coronel	Dirección General del Personal - Jefe de la sección Movilización	Buenos Aires	16 I	37

En Salta, el 15 de noviembre de 1941, el general Diego Isidro Mason, comandante de la 5ª División, aseguró: "Reúne un conjunto de muy buenas condiciones, inteligente, de muy buena preparación general y profesional. Ha puesto en evidencia espíritu de trabajo y tacto, consiguiendo mantener su regimiento en un pie de instrucción y disciplina muy bueno, teniendo ascendiente y prestigio entre sus subordinados. En los ejercicios finales de la división ha demostrado poseer una preparación táctica muy buena, conduciendo su unidad en el terreno con habilidad, energía y muy buen criterio. De sana moral, culto, correcto, leal y excelente camarada. Sobresaliente"

Teniente coronel	Jefe del Regimiento 18	Santiago del Estero	9 I	40
Teniente coronel	Dirección General de Material de Ejército - Jefe de la División Materiales	Buenos Aires	9 I	42
Coronel	Ascendió (con retroactividad)	Buenos Aires	31 XII	41
Coronel	Jefe de la División Inspección de Material en la Dirección General de Material de Ejército	Buenos Aires	23 VII	42
Coronel	Comandante de Infantería en el Comando de la 2ª División	La Plata	30 XII	42

Coronel	Jefe de la 3ª División de la Dirección General del Personal	Buenos Aires	2 III 43
Coronel	Director de la Escuela de Infantería y Jefe del Regimiento 4	Campo de Mayo	4 VIII 43

El 30 de diciembre de 1943, el general de división Jorge A. Giovaneli, director general de Instrucción del Ejército, escribió: "Posee muy buenas aptitudes para el mando; es serio y tiene buena preparación profesional. (Juicio concreto correspondiente a un mes y 15 días)".

Coronel	Comandante interino de la 2ª División	La Plata	31 XII 43

Con fecha 23 de febrero de 1944, consta que el ministro Farrell no lo calificó por falta de tiempo mínimo.

Coronel	Ministro de Gobierno de la Provincia de Buenos Aires, con retención de sus funciones militares	La Plata	19 VII 44
Coronel	Cesó en sus funciones como Ministro	La Plata	21 XII 44
Coronel	Comandante de la 1ª Región Militar	Buenos Aires	1 II 45
Coronel	A disponibilidad	Buenos Aires	8 I 47
Coronel	Presidente de la Comisión Revisora de Pensiones Militares	Buenos Aires	15 X 47

El general de brigada Humberto Sosa Molina, ministro de Guerra, el 15 de octubre de 1947, lo calificó: "Oficial superior serio, correcto y enérgico. Como presidente de la Comisión Revisora de Pensiones se ha desempeñado con dedicación, acierto y eficiencia. Me merece un excelente concepto". El juicio fue mantenido el 15 de octubre de 1948.

Con fecha 24 de enero de 1947, el general de brigada Virgilio Zucal, director general del Personal, elevó al presidente del Tribunal Superior de

Calificaciones del Ejército, los antecedentes del reclamo formulado por el coronel Argüero Fragueyro, con relación a su ascenso.

Del expediente surge que el causante en el año 1944 fue declarado "apto para el grado inmediato superior", revistando en el orden de mérito número 56 entre 62.

En el año 1945 fue declarado "apto para continuar en su grado", figurando en el orden con el número 13 entre 28, y calificado con "muy bueno". En los fundamentos se expresaba: "Este oficial superior, a través de sus conceptos revela condiciones de mando, energía y decisión, pero no tiene en la medida necesaria la capacidad profesional para responder a las exigencias de los cargos superiores".

En consecuencia, Argüero Fragueyro resultó postergado por el ascenso de oficiales superiores más modernos.

En el año 1946 fue declarado nuevamente "apto para continuar en su grado", siendo 3° en el orden de mérito entre 16. Fue calificado con "muy bueno". La Comisión de Infantería dejó asentada en el Acta correspondiente estas consideraciones: "Que el coronel Argüero Fragueyro ha sido calificado *apto para el grado* por el Tribunal de Calificaciones, en 1945, asignándole la calificación de *muy bueno* y el número 13 entre 28. Los fundamentos son los siguientes: *Este oficial superior, a través de sus conceptos revela condiciones de mando, energía y decisión, pero no tiene en la medida necesaria la capacidad profesional para responder a las exigencias de los cargos superiores.*

"Posteriormente, y a raíz del reclamo del coronel Argüero Fragueyro, el Tribunal Superior de Calificaciones, al desestimarlo, expresa: *Los antecedentes que proporciona su legajo personal y conceptos de que goza en el orden intelectual, no lo capacitan para dirigir la instrucción y conducir una unidad operativa.*

"El Tribunal de 1946-47, en consideración a que las fallas acusadas por el causante y que motivaron su calificación anterior son de índole intelectual y que no pueden modificarse en el transcurso de un año porque son las resultantes de toda una vida y no habiendo, por otra parte, aportado elementos de juicio que permitan modificar su actual situación, mantiene su calificación de *apto para continuar en el grado.*

"Puesto a votación se aprueba por mayoría de 13 votos contra 2.

"El señor general Sanguinetti manifiesta que no comparte la calificación impuesta al señor coronel Argüero Fragueyro por la Comisión de Infantería que presidía y propone sea declarado *apto para el grado inmediato superior* con la calificación de *distinguido.* Se trata de un oficial superior, como lo expresó el año anterior el Tribunal, de encomiables condiciones como conductor, de carácter y rectitud. Ha desempeñado con toda eficiencia y contracción el cargo de Ministro de Gobierno de la provincia de Buenos

Aires, no obstante la tarea que tuvo que desarrollar como comandante de la 2ª División de Ejército. Lo he visto actuar con gran eficacia y a entera satisfacción. Sus condiciones de carácter son indiscutibles como resulta de la actitud asumida en el Círculo Militar en octubre, cuando un oficial hizo una manifestación que lo afectaba. En atención a tales condiciones, propone se lo califique de *apto para el grado inmediato superior* con la calificación de *distinguido*. El señor general Dávila votó en favor de la moción formulada por el señor general Sanguinetti".

En consecuencia el coronel Argüero Fragueyro resultó postergado por el ascenso de 11 oficiales más modernos.

Por decreto N° 3.788, del 13 de febrero de 1947, el presidente Perón resolvió desestimar "por infundado, en definitiva y última instancia el reclamo formulado".

Coronel (Servicios Generales)	A retiro y alta en los Servicios Generales	Buenos Aires	28 I	48
Coronel (Servicios Generales)	Presidente de la Comisión Revisora de Pensiones Militares	Buenos Aires	15 X	48
Coronel (Servicios Generales)	Vocal C.G.J. y D. Jefes y Oficiales	Buenos Aires	15 IV	50
Coronel en retiro activo	Cesó en sus funciones y pasó a la Dirección General del Personal	Buenos Aires	16 IX	51
Coronel en retiro activo	A disponibilidad	Buenos Aires	15 X	51
Coronel en retiro activo	A retiro	Buenos Aires	15 I	52

Esposa: Esther Noemí Fragueyro
Hijos: Esther Noemí (n. 1926), Nélida Susana (n. 1927), Lidia Beatriz (n. 1927), Zulma Mirta (n. 1935) y Alfredo (n. 1937).

ÍNDICE

PRESENTACIÓN
por Jaime Garreta
5

APUNTES SOBRE LOS MIEMBROS DEL GOU
7

GRUPO OBRA DE UNIFICACIÓN
FOJAS DE SERVICIOS EN EL EJÉRCITO ARGENTINO
Domingo Alfredo Mercante, 35
Severo Honorio Eizaguirre, 45
Raúl Osvaldo Pizales, 51
León Justo Bengoa, 53
Francisco Filippi, 61
Juan Carlos Montes, 69
Julio Alberto Lagos, 79
Mario Emilio Villagrán, 91
Fernando González [Britos], 95
Eduardo Bernabé Arias Duval, 101
Agustín Héctor de la Vega, 103
Arturo Ángel Saavedra, 109
Bernardo Ricardo Guillenteguy, 115
Héctor Julio Ladvocat, 121
Bernardo Dámaso Menéndez, 131
Urbano de la Vega Aguirre, 137
Enrique Pedro Agustín González, 147
[Agustín] Emilio Ramírez, 153
Juan Domingo Perón, 161
Eduardo Jorge Ávalos, 207
Aristóbulo Eduardo Mittelbach, 213
Alfredo Aquiles Baisi, 219
Oscar Augusto Uriondo, 225
Tomás Adolfo Ducó, 235
Heraclio Robustiano Antonio Ferrazzano, 247
Alfredo Argüero Fragueyro, 249

www.ingramcontent.com/pod-product-compliance
Lightning Source LLC
Chambersburg PA
CBHW031311150426
43191CB00005B/170